다산의 마지막 편지

다산의 마지막 편지

펴 낸 날 2023년 2월 8일 초판 1쇄
2023년 3월 15일 초판 2쇄

지 은 이 박석현
펴 낸 이 박지민
책임편집 김정웅
책임미술 롬디
마 케 팅 박종천, 박지환

펴 낸 곳 모모북스
서울특별시 동대문구 왕산로81, 203-1호(두산베어스 타워)
전화 010-5297-8303 팩스 02-6013-8303
등록번호 2019년 03월 21일 제2019-000010호
e-mail pj1419@naver.com

ISBN 979-11-90408-32-5 03190

• 책값은 뒤표지에 있습니다.
• 잘못된 책은 구매하신 곳에서 교환해드립니다.
• 모모북스에서는 여러분의 소중한 원고를 기다립니다.
투고처: momo14books@naver.com

'다산 정약용의 편지'와 함께 시작하는 마음공부!

다산의 마지막 편지

박석현 지음

삶의 길잡이가 되어 줄,
한국 인문학의 정수

모모북스

추천사

박석현 작가의 글은 정이 묻어납니다. 아버지가 자식에게, 선배가 후배에게, 남편이 아내에게 보내는 몇 통의 따듯한 편지를 읽은 느낌입니다. 저자의 이전 책들을 보더라도 저자는 독자들에게 들려주고 싶은 이야기가 참 많은 것 같습니다. 경험이 풍부하고 생각이 깊다는 느낌이 듭니다.

이번 책에서는 특히 다산 선생을 초청하여 책의 깊이와 울림을 더했습니다. 조선 후기 최고의 학자였던 다산은 18년간 전남 강진 유배지에서 수백 권의 저술로 독보적인 유산을 남겼지만, 특히 고향에 남아있는 자식들에게 보낸 그의 훈육 편지에는 시간을 초월하는 깊은 부성父性이 고스란히 남아 감동을 더해 줍니다. 박석현 작가의 따듯한 마음의 글과 다산의 꼿꼿한 가르침이 잘 어울려 읽는 이의 마음을 훔치는 듯합니다.

기본은 누구나 말할 수 있고, 누구에게나 필요한 것이지만 기본을 지킨다는 건 쉬운 일이 아닙니다. 그래서 더 기대됩니다. 다산을 초대한 저자가 다산과 어떤 교감을 나누며 독자들에게 어떤 이야기를 더 속 깊게 풀어놓았는지 책을 통해 만나보시면 좋을 것 같습니다.

– 『오십에 읽는 논어』 최종엽 작가

"법은 마음을 중요하게 여깁니다."

〈이상한 변호사 우영우〉에서 가장 인상 깊은 대사다. 그렇다면 책은? 책을 읽는 독자는? 역시 저자의 '마음'을 중요하게 여길 수밖에 없다. 진정성 있는 글을 읽으면 독자는 어느새 마음을 열게 된다. 박석현 저자는 생生 자체가 진심인 사람이다. 아들과 함께하는 인문학 여행을 통해 독자를 만나고, 품격 있는 부부의 모습을 통해 부부 인문학을 전파했다.

그가 이번에는 다산과 함께 돌아왔다. 다산은 인생에서 가장 깊은 나락으로 떨어진 시기에 가장 빛나는 저작著作을 썼다. 정약용이 18년 유배를 떠나지 않았다면 그의 사상은 탄생하지 않았을지도 모른다. 글은 늘 심연深淵에서 날개를 펄럭인다. 박석현 작가는 다산을 어떻게 풀어놓았을까? 쾌활하게만 보이는 그는 절망이 빚은 진수眞髓를 어떻게 설명했을까? 추락과 상승의 나선 구조를 어떻게 해석했을까?

이 책은 공부, 사람, 습관, 태도 순으로 삶의 원칙을 잘 버무려 놨다. 마치 아들에게 주는 삶의 지혜 같지만 중년인 우리에게 주는 금언金言이기도 하다. 이 책을 읽다 보니 종이 편지를 주고받던 시절의 감성이 떠오른다. 그 따뜻한 마음으로 저자가 써 내려간 『다산의 마지막 편지』를 한 번쯤 읽어보시길 권한다.

– 인디라이터 연구소 대표 명로진 작가

마음공부라는 말을 들어보셨습니까? 결국 우리가 마지막에 해야 하는 것은 마음공부입니다. 저는 마음공부를 한다는 생각으로 이 책을 썼습니다. 그리고 제가 한 마음공부를 독자들과 나누고자 이 책을 냅니다.

여러분은 편지를 받아보신 지 얼마나 되셨나요? 이 책은 이 시대를 살아가는 여러분들께 저자가 마음을 담아 보내는 편지 형식의 글로 이루어졌습니다. 다산 정약용 선생이 편지를 보내 마음을 전한 이가 부인일 수도, 자식일 수도 있고 사랑하는 어느 누군가일 수도 있습니다. 지금처럼 통신이 원활하지 못했던 그 시절에는 편지를 대체할 수 있는 수단이 없었으니 자식뿐 아니라 부인과 형을 비롯한 지인에게도 편지로 마음을 전했겠지요. 다산이 편지로 마음을 전한 것처럼 저는 독자 여러분들과 마음을 나누고자 한 분 한 분께 편지를 쓰는 심정으로 글을 써 내려갔습니다.

『다산의 마지막 편지』는 다산 정약용 선생의 편지가 책의 중간중간에 소개되며, 저자의 생각과 맞닿아 흘러갑니다. 다산을 이야기하지만 다산에 관한 내용이 가장 적게 들어있는 책일지도 모르겠습니다. 시중에 많이 나와 있는 다산 관련 책들처럼 다산의 글을 먼저 소개하고 다음에 저자의 해설을 풀어놓은 형식에서 벗어났습니다. 그와는 정반대의 접근을 시도했습니다. 먼저 제가 살아오며 느낀 것들을 사랑하는 이들에게 보내는 편지 형식으로 정리하여 70여 편의 글로 남겼습니다. 그 이후 글의 주제와 비슷한 다산의 글을 찾아서 각 꼭지의 처음에 소개를 한 후 내용이 원활하게 전개되도록 수정하는 작업을 거쳤습니다. 마치 서두에 소개된 다산의 편지에 따라 주제가 일맥상통하는 내용의 글을 저자가 연결해서 쓴 것처럼 보이게 말이죠. 여느 책들과 마찬가지로 다산의 글을 소개한 후 그것을 풀이하는 방식이 아닌 저자가 집을 지어놓고 이후 다산 정약용 선생을 초대하여 조용히 차 한 잔 대접하는 마음으로 글을 풀어놓았습니다. 그러다 보니 저자가 미리 쓴 주제와 부합하는 내용을 가진 다산의 편지를 찾기가 무척이나 힘들 때도 있었습니다. 글을 읽다 보면 간혹 저자가 쓴 글과 다산의 편지 내용이 잘 맞아떨어지지 않고 어색하게 느껴지는 부분이 있을지도 모릅니다. 그런 경우 이 글을 상기하여 이해하면 좋겠습니다.

또한 책에서 소개한 다산의 편지는 다산이 어느 한 사람에게 보낸 편지만을 발췌한 것도 있으나 여럿에게 보낸 편지의 주제가 유사할 경우 마치 한 편의 편지처럼 취합하여 매끄럽게 수정하는 작업을 거쳤습니다. 그러다 보니 책에서 소개된 다산의 편지를 마치 다산이 한 사람에게 보낸 한 편의 편지로 오인誤認하실 수도 있습니다. 하지만 최대한 원문의 내용을 흩트리지 않으려 노력하며 저자의 문체로 고친 것이오니 그렇게 이해해주시기를 바랍니다.

자녀들은 혼자서 자랄 수 없습니다. 부모가 올바른 가치관을 가지고 있어야 자녀가 올바르게 성장합니다. 자녀가 성인이 될 때까지 부모가 올바른 양육을 해야 올바른 아이로 자랄 수 있습니다. 공부를 잘하는 것은 이후의 문제입니다. 사람이 살아가며 기본적으로 지켜야 할 마음가짐과 생활습관을 가슴에 새기고 살아간다면 훗날 좋은 어른으로 성장할 가능성이 큽니다. 그렇다면 지금 이 시점에 한 번쯤 생각해 볼 필요가 있습니다. 우리는 지금 올바른 가치관을 가지고 살아가고 있을까요?

당연한 말이겠지만 좋은 아이가 성장하여 좋은 어른이 되고, 좋은 어른이 나이가 들어 좋은 노인이 됩니다. 이것은 제가 오래전부터 가지고 있던 생각입니다. 아이들에게 공부만 가르쳐서는 안 됩니다. 우리 인생에서 정말 중요한 것이 무엇인지를 알려주는 것이야말로 진정한 교육의 목표라고 할 수 있습니다. 나는(내 자녀는) 좋은 아이인지, 좋은 어른인지,

좋은 노인인지 수시로 생각하며 살아갈 필요가 있습니다.

비단 자녀뿐만이 아닙니다. 부모 형제와 부부도 마찬가지입니다. 비슷하지만 다르고 다르지만 비슷한 우리 가족. 집에 오면 가족들이 각자의 방으로 들어가 스마트폰에 빠져있거나 TV 앞에 말없이 앉아있는 요즘, 부모 자녀의 관계 개선은 도무지 쉬운 일이 아닙니다. 부부 사이도 갈수록 서먹해집니다. 특별히 문제가 있는 것은 아닌데, 딱히 이유를 찾기는 힘듭니다. 알고 보면 서로가 익숙함에 속아 소중함을 잊고 살고 있는 것은 아닐까요? 그게 사실이지만 그것을 인정하기는 싫은 듯합니다. 가족이 함께하는 시간이 흘러갈수록 서로는 각자의 시간을 찾게 되고 조금씩 멀어지며 서로 간섭받기를 싫어합니다. 이럴 때 가장 좋은 해법은 어느 한 사람이 먼저 물꼬를 트는 것입니다. 취미가 되었건 삶의 사소한 부분이 되었건 어떤 식으로든 서로가 서로에게 들려줄 이야깃거리가 있을 것입니다. 이 책이 그러한 소통의 창구가 되었으면 좋겠습니다.

저는 이 책을 통해 제가 살아오며 직접 경험하고 느낀 이야기를 독자들과 함께 나누고자 합니다. 글을 통해 온전히 저자의 시간과 삶을 공유하고 저자의 가치관을 이해하며, 저자의 글에 공감하고 실천하며, 그 후 그로 인해 달라진 시간을 통해 가족이 함께하는 행복을 느껴보시기를 바랍니다. 가족이 서로에게 나누어 줄 수 있는 가장 큰 선물은 함께하는 가운데 같은 곳을 바라보며 진솔한 대화를 나누는 바로 그 시간일 것입니다.

이 책은 그런 마음으로 써 내려간 삶의 지혜서입니다. 사랑하는 자녀와 가족을 위해서, 다른 사랑하는 사람들을 위해서, 그리고 나를 위해서 서로의 올바른 가치관과 삶의 지혜를 향유享有하는 관계로 만들어나갔으면 좋겠습니다. 저자의 전작과 마찬가지로 저자만의 방식으로 해석하는 삶의 의미와 흥미진진한 이야기들로 매 챕터마다 풍부한 인문학적 통찰을 제공하고자 노력했습니다. 아울러 개개인의 자아성찰을 위해서, 그리고 좀 더 행복하고 바람직한 사회가 형성될 수 있기를 바라는 마음으로 페이지마다 심혈을 기울였습니다.

이 책에 나오는 다양한 주제는 저자가 삶을 살아오며 겪은 깊은 생각들을 담고 있습니다. 이 글을 읽는 독자들에게도 익혀야 할 내용이 하나쯤은 있을지도 모르겠습니다. 그런 주제가 있다면 자신에게 적용하여 생각해보는 것도 좋겠습니다. 저 역시도 많은 실패를 경험하고 살았습니다. 사람은 완벽하지 않기에 끊임없이 스스로를 갈고닦을 필요가 있습니다. 책을 통해 풀어놓은 이야기들 중 아직도 저자가 실천하기 힘든 부분도 있고, 이미 배우고 익혀 습관이 되어버린 것들도 있습니다.

글을 쓰는 동안 제 삶을 돌이켜보며 반성하게 되었습니다. 부모의 역할과 자녀교육의 중요성, 마음공부, 그리고 사회의 시스템에 대해서도 다시 한번 생각하는 계기가 되었습니다. 저에게 많은 공부가 되었듯 다양한 색깔을 가지고 세상을 살아가는 여러분에게도 이 책이 부디 좋은 인생의 길동무가 되기를 바랍니다. 이 책을 통해 어떤 가치관을 가지고 세상을 살아가야 하는지 생각해 보는 계기가 되었으면 좋겠습니다. 자녀가 있는 독자들은 내 자녀가 어린 시절부터 어떤 올바른 습관을 가지고 어떻게 세상을 살아가야 할지 한번 생각해보고 정리해보는 시간을 가져보시기를 바랍니다.

제가 군 생활을 할 때 부모님을 비롯한 많은 이들의 편지를 받으며 그들의 애틋한 마음을 고스란히 느낄 수 있었습니다. 아울러 학교를 졸업하고 사회로 나올 때 아버지가 저에게 전한 편지는 마치 다산의 편지와도 같아 지금도 고이 간직하며 삶의 지침으로 생각하며 살아오고 있습니다. 그 편지로 인해 부족한 제가 한 발 더 성장할 수 있었습니다. 이렇듯 백 마디 말보다는 한 마디 글이 사람의 마음을 더 울릴 수가 있습니다. 그것이 사랑하는 사람이 진심 어린 마음을 담아 보내온 편지라면 더할 나위가 없겠지요. 여러분을 위해 진심 어린 마음을 담아 이 편지를 보냅니다. 여러분의 마음에 조그만 울림이 되기를 소망합니다.

이 책을 쓸 수 있도록 저를 깨우쳐주고 영감靈感을 주신 모든 분들이 참으로 고맙습니다.

15만 부 이상 판매되어 대한민국에 『논어』와 고전 열풍을 일으킨 2022년 올해의 교양서 『오십에 읽는 논어』 최종엽 작가님, 그리고 50권 이상의 책을 출간하신 고전평론가이자 존경하는 인디라이터 연구소 명로진 대표님께서 귀한 시간을 할애하여 추천사를 써 주셨습니다. 올바른 삶을 살아가는 선배로서 후배의 앞날에 밝은 등불이 되어주시는 두 분께 온 마음을 담아 진심으로 고마움을 전합니다.

여러분의 하루하루에 늘 행복과 웃음이 넘치기를 진심으로 바랍니다. 아울러 모두가 이 사회의 훌륭한 구성원으로서 올바른 가치관을 가지고 주위에 선한 영향력을 행사하며 살아가기를 진심으로 바랍니다.

아직 마음공부가 부족한 저자가 이 시대의 지성들에게 바칩니다.

고맙습니다.

이천이십이년 연말, 저자 박석현 드림.

목차

Chapter 2

사람에 대하여

Chapter 3

습관에 대하여

Chapter 4

태도에 대하여

Chapter 1

공부에 대하여

1
독서를 게을리하지 말아야 한다

독서를 하려면 반드시 먼저 근본을 세워야 한다. 배움에 뜻을 두지 않았다면 진정한 독서를 할 수가 없다. 배움에 뜻을 두려면 반드시 먼저 근본을 세워야 한다. 학문에 뜻을 두지 않으면 독서를 제대로 할 수가 없다. 학문에 뜻을 두려면 먼저 바탕을 세우는 것이 필수이다. 그 바탕은 바로 효(孝: 부모에 대한 효도)와 제(悌: 형제간의 우애)이다. 그것으로 바탕을 세우면 자연히 학문은 몸에 배게 되고 학문이 몸에 배고 나면 독서는 별도로 그 세부 단계를 논할 필요가 없게 된다. 가난한 학생으로서 처신을 잘하는 방법은 오로지 독서를 하는 한 가지 길밖에 없다. 왜냐하면 독서는 사람에게 있어서 가장 중요하고 깨끗한 일일 뿐만 아니라 호사스러운 집안 아이들에게만 그 맛을 알도록 하는 것도 아니고 또 촌마을 수재들이 그 심오함을 넘겨다볼 수도 없는 것이기 때문이다. 평생 가까이에 두고 스승으로 삼을 책 한두 권을 갖는 것이 독서의 큰 보람이요 행복이다.

— 다산의 편지 中

독서의 중요성은 아무리 말해도 지나침이 없다. 광화문 교보문고에 가면 이런 멋진 글귀가 쓰여 있다. "사람은 책을 만들고 책은 사람을 만든다." 지금은 익히 알려진 글이지만 나는 이 글을 처음 접했을 때 "이런 멋진 문장을 누가 만들었을까?" 하고 무척이나 놀라움을 금치 못했다. 바로 교보생명과 교보문고를 만든 창립자 대산大山 신용호(1917~2003) 선생께서 하신 말씀이다. 우리가 책을 대해야 하는 자세를 딱 한 문장으로 표현한 말이라 아니할 수 없다.

책을 읽을 때 지침으로 삼아야 할 것이 많이 있겠지만 '서삼독'이라는 한마디는 꼭 가슴에 새기는 것이 좋다. 서삼독書三讀이란 텍스트를 읽고, 필자를 읽고, 최종적으로는 독자 자신을 읽어야 한다는 말이다. 책의 문장을 읽으며 책을 만나고, 그 문장을 이해하고 생각하며 책을 쓴 저자를 만나고, 마지막으로 책을 통해 깨달음을 얻어가는 나 자신을 만나야 한다는 말이니 늘 기억하며 책을 읽을 때 지침으로 삼는 것이 좋다.

세상에 위대한 업적을 남긴 많은 사람들은 늘 독서를 게을리하지 않았다. 널리 알려진 바와 같이 빌 게이츠, 워런 버핏, 스티브 잡스, 마크 저커버그 등 위대한 사업가들도 늘 책을 손에서 놓지 않았다. 지금의 나를 만든 것이 '독서'라는 말은 성공한 사람들에게서 공통적으로 들을 수 있는 말이다. 그만큼 '독서'란 중요한 것이고 결코 내 삶과 떨어질 수 없다는 말이다. 절대 책을 손에서 놓지 말도록 노력해야 할 필요가 있다.

가끔 취미가 뭐냐고 물어보면 '독서'라고 말하는 것을 들을 수 있는데, 이 말은 조금 어색할 수 있다. 독서는 취미가 될 수 없지 않을까? 내가 먹고 자고 입고 숨 쉬는 모든 것들이 취미가 될 수 없듯이 말이다. 만일 누군가에게 취미가 뭐냐고 물어보았는데 '먹는 것'이라고 한다면 우스운 것처럼 말이다. 이처럼 책을 읽는 것은 내 삶의 일부가 되어야 한다.

책을 읽을 때 소리 내어 읽는 습관을 가져보는 것은 어떨까. 안중근 의사(1879~1910)께서 옥중에서 쓰신 유명한 글귀 "일일부독서구중생형극一日不讀書口中生荊棘"이라는 말이 있다. "하루라도 글을 읽지 않으면 입안에 가시가 돋는다."라는 말이다. 하루라도 책을 읽지 않으면 남에게 가시 돋친 말, 즉 비방하는 말만 하게 된다는 뜻이다. 책을 통해 보다 지혜로워지라는 안중근 의사의 넓고 깊은 뜻이겠으나 이를 나만의 의미로 재해석을 해 보았다. 왜 하루라도 책을 읽지 않으면 눈에 가시가 돋는 것이 아니라 입에 가시가 돋는 것인지를 생각해 볼 필요가 있다. 책을 읽되 큰 소리가 아니더라도 입속으로 웅얼거리듯이 조용히 읊조리며 읽는 습관을 가져보자. 그러면 책의 내용이 좀 더 쉽고 깊게 다가오는 것을 느낄 수 있다. 개개인의 차이가 있을 수 있지만 나 같은 경우는 책을 인지認知하기가 조금은 쉬워진다. 먼 옛날 선비들이 "하늘 천 땅 지 검을 현 누를 황"이라고 소리를 내어* 책을 읽었던 것을 되새겨 본다면 쉽게 이해할 수 있을 것이다. (* 참고로 다산은 큰 소리로 책을 읽지 말라고 했다.)

> "독서는 큰 소리로 읽는 것을 가장 꺼린다. 든 것 없이 허세를 부리고 들떠 조급한 것은 덕을 망치는 기틀이다. 차분히 가라앉혀 꼼꼼히 읽어야 기억되어 남는 것이 많아지고, 삼가고 묵직하게 해야 자질이 아름다워진다." – 독서법증례 中

또한 '정독'과 '다독'에 대해서는 의견이 많으니 이를 잘 구분하여 나에게 맞는 독서법을 찾을 필요가 있다. 꼭 많은 책을 읽는다고 하여 좋은 것이 아니며 한 권의 책만 읽는다고 하여 이 또한 좋은 것이 아니다. 책만 많이 읽고 그것을 내 삶에 적용하지 못한다면 부질없는 짓일 테고, 한두 권의 책만 읽고 어디 가서 자랑삼아 이야기한다면 그 또한 우스울 것이다. 본인이 활자 중독인지 모르고 기계적으로 책만 읽는 사람도 있을 것이다. 스스로의 독서량에 자아도취 되어 책을 그저 많이만 읽는 것으로 만족한다면 그 또한 '다독'의 굴레에서 벗어나지 못하는 편협한 행동일 테니 이를 잘 따져보는 것이 좋다. 세상에서 가장 무서운 사람이 '단 한 권의 책만 읽은 사람'이라는 말이 있듯 어느 정도의 양은 읽어야 할 것이나 부디 '정독'과 '다독'의 사이에서 잘 판단하여 나에게 맞는 올바른 독서 습관을 만들어보길 바란다.

일본의 하시모토 다케시가 지은 『슬로 리딩』이라는 책이 있다. 슬로 리딩의 창시자인 하시모토 선생은 공부를 싫어하는 아이들에게 놀이를 통해 배움에 대한 흥미와 즐거움을 주고자 '은수저 슬로 리딩법'을 고안해 냈다. 시대상을 반영하는 『은수저』라는 소설책 한 권으로 중학교 3년 과정 내내 수업을 진행한다. 『은수저』(1910-1913년)는 도쿄 아사히신문에 연재되었던 단편소설이다. 주인공이 책상 서랍에 있던 작은 상자 속의 은수저를 우연히 발견하며 자신의 유년기를 회상하는 내용인데, 신문의 연재소설이기 때문에 문장의 길이가 길지 않다. 또한 주인공의 성장기를 통해 다양한 소재를 탐구할 수 있다는 장점이 있다. 이런 하시모토 선생의 슬로 리딩 교육법은 '더 많이 더 빨리'라고 외치는 요즘의 교육에 경종을 울린다.

중학교 3년 내내 『은수저』라는 소설책으로 배운 아이들은 모두 일본 최고의 명문대에 진학하고 최고의 엘리트가 되었다. 그 주기를 다시 반복했는데 똑같은 결과를 얻으면서 그의 교육법은 검증되었다. "공부하는 것이 싫다."라고 말하는 아이에게 부모와 선생들은 "그럼 논다는 기분으로 하면 되지 않겠니?" 하고 말한다. 하시모토 선생은 그렇게 말하기보다 본인 스스로가 아이들의 눈높이에 맞게 교재를 개발하고 교안을 마련하고자 노력했다. 그렇게 슬로 리딩은 시작되었다.

아이들이 주로 읽는 아동도서와 동화책에 담긴 내용을 결코 가벼이 생각지 말아야 한다. 전 세계 1,700만 명의 마음을 사로잡은 『내가 정말 알아야 할 모든 것은 유치원에서 배웠다』는 책이 있다. 이 책에서 저자는 '삶의 지혜는 대학원 상아탑 꼭대기가 아니라 바로 유치원의 모래성 속에 있다'고 말한다. 우리가 살아가면서 알아야 할 것들은 사실 우리가 이미 알고 있는 것들이다. 작고 단순해 보이지만 사실은 삶의 기본이 되는 진리는 어릴 적 부모님과 유치원, 그리고 책에서 모두 배운 것들이다. 작고 단순해 보이기 때문에 그것을 사사로이 생각하여 가치가 덜한 것으로 생각할 수 있다. 그렇게 살아왔기 때문에 삶의 기본이 되는 것들을 놓치고 살아가는 것이다. 일상의 작은 행복과 깨달음은 큰 것으로부터 시작되는 것이 아니다. 많은 사람들이 하늘을 나는 것이 기적이라 생각하고 순간이동을 기적이라 생각한다. 하지만 우리가 매일 아침 눈을 뜨고, 사람들을 만나고, 숨을 쉬며 살아가는 것들. 그 사소하지만 가치 있는 것들이 진정한 기적이라 할 수 있다.

논어와 서양 철학자의 사상을 공부한다고 하여도 받아들이는 이의 그릇이 작다면 티끌만큼도 배우고 실천하기가 힘들 것이다. 반면에 동화책을 읽어도 배우고자 하는 이의 마음이 지극하다면 큰 깨달음을 얻을 것이다. 살아가며 삶이 지치고 힘이 들 때는 가끔 동화책이나 아동 도서를 펼쳐 들어라. 그 속에 삶의 기본이 되는 진리가 모두 담겨 있을 것이다. 얻고자 하면 얻지 못할 것이 없고 배우고자 하면 배우지 못할 것이 없다. 사소하다고 생각되는 그 속에서 크나큰 삶의 진리를 깨달을 수 있을 것이다.

인생을 살아가며 결코 독서를 게을리하지 말아야 한다.
사람은 책을 만들고 책은 사람을 만들기 때문이다.

2
매일 글을 쓰는 습관

근자가 책을 지어 세상에 내는 것은 세상 사람들의 비난을 받을 일이 아니다. 단 한 사람만이라도 진가를 알아봐 주길 바라는 마음에서다. 만일 내 책의 가치를 알아봐 주는 사람이 있어 그 사람이 너희보다 나이가 많다면 아버지처럼 모시고 너희와 비슷한 연령이라면 형제처럼 지내도 좋다. 따뜻이 입고 배불리 먹는 데에만 뜻을 두어 편안히 즐기다가 세상을 마친다고 치자. 그렇게 시체가 된 몸이 차가워지기도 전에 이름부터 먼저 사라지는 자가 된다면 이는 금수(禽獸)일 뿐이다. 금수인데도 그것을 원할 것인가.

– 다산의 편지 中

매일 글을 쓰는 습관을 가지면 좋다. 백 번 읽는 것보다 한 번 쓰는 것이 낫다.

백문불여일견百聞不如一見이고 백견불여일행百見不如一行이라 하였다. 백 번 듣는 것이 한 번 보는 것보다 못하고 백 번 보는 것이 한 번 행하는 것보다 못한 법이라는 성현聖賢의 말씀을 늘 기억해야 한다. 같은 맥락으로 백 번 읽는 것보다는 한 번 쓰는 것이 낫다. 물론 한 번 쓰기 위해 백 번 읽는 노력이 선행되면 더없이 좋다는 것은 두말할 필요가 없다.

간혹 책에 파묻혀 사는 사람을 볼 수 있다. 책을 읽지 않는 것보다는 낫다고 할 수 있겠지만 올바른 독서를 하는 것인지 잘 살펴야 한다. 다독을 한다고 해서 모두 올바른 독서를 하는 것이 아니다. 눈에 보이는 활자는 모두 읽어야 적성이 풀리는 '활자중독'인지, 아니면 다독을 한다는 자기만족에 빠져서 반복적으로 책만 읽고 있는 것인지 돌아보자. 진정 책의 즐거움을 느끼고 그것을 삶에 적용할 줄 알아야 한다. 백 번 보는 것보다야 한 번 쓰는 것이 더 낫다. 예수와 석가모니가 살았던 시절에는 책이 흔하지 않았지만 그들은 삶을 통해 깨달음을 얻었다. 책을 통해 배울 수 있는 것이 있고 삶을 통해 다른 값어치 있는 것을 배울 수도 있다.

여기 평생 동안 어마어마한 양의 책을 읽은 한 사람이 있다. 그는 감히 누구도 범접할 수 없을 정도의 독서량을 자랑한다. 그가 책을 많이 읽는다는 것을 아는 주위에서는 그의 독서량에 감탄을 한다. 책을 참 많이 읽는 사람이라며 칭찬도 아끼지 않는다. 그는 나이가 들어갈수록 책을 많이 읽은 본인의 지식에 자기만족을 한다. 죽을 때까지 책만 많이 읽다가 세상과 이별한다.

그런데, 이렇게 마무리되면 안 된다. 나쁜 결말Bad Ending이라고까지는 할 수 없으나 좋지 않은Not Good Ending 결말이다. 그가 가진 그 많은 지식을 본인만 알고 자기만족에서 그냥 끝낸다면 이는 참으로 아쉽다. 그로 인해 혜택을 받지 못한 대중은 귀한 배움의 기회를 놓친 셈이다. 나 혼자 좋은 지식을 많이 가지고 있는 데서 끝내서는 안 된다. 사회적 책임이라는 것은 국가와 기업만 지켜야 하는 것이 아니다. 가급적이면 개인도 소극적 범위에서의 사회적 책임을 지고 살아가도록 노력하는 것이 우리 사회를 위해서 좋다. 좋은 글을 읽으면 읽는 데서 그칠 게 아니라 그것을 실천해야 한다. 또한 책을 많이 읽었으면 다독을 실천한 것으로 혼자서 만족할 것이 아니라 새로운 글을 써야 한다. 굳이 책을 내지 않아도 된다. 글을 써서 여러 사람과 공유할 수 있는 통로는 요즘 너무도 많다. 물론 책을 써서 내는 것도 좋은 방법 중 하나이다. '구슬이 서 말이라도 꿰어야 보배'라는 말은 이럴 때 사용한다. '선한 영향력'이라는 말은 이럴 때 사용하는 것이다. 백날 자기만족 하며 책만 읽어서 무얼 하겠나. 가공해서 새로운 글로 만들어내야 한다. 백날 책만 읽는 제나라 환공이 될 것이 아니라 수레바퀴를 깎는 윤편의 슬기로움을 깨닫는 것이 좋다. 깨달은 이후 직접 수레바퀴를 깎아보면 어떨까. 기록하지 않는 삶의 경험은 과거 속으로 매 순간 흔적도 없이 사라지는 법이다.

무엇이든 오랜만에 하면 어색하다. 그러니 한 줄이라도 매일 글을 쓰는 습관을 가지는 것이 좋다. 글 쓰는 것을 직업으로 하는 사람이 아니라도 괜찮다. 책 읽는 사람이 따로 없듯 글 쓰는 사람도 따로 없다. 어린 시절 일기 써본 경험을 되살려 나를 위해 그리고 세상을 위해 글을 쓰는 습관을 만들어보자. 한 페이지의 글이라도 좋고 그것이 힘들면 한 줄의 글이라도 좋다. 내 글을 남에게 보여주는 것이 부끄럽다면 일기라도 쓰자. 충무공 이순신 장군이 진중陣中에서 일기를 쓰지 않았다면 국보로 지정된 지금의 『난중일기亂中日記』는 없었을 것이다. 일기日記가 힘들면 주기週記를, 주기가 힘들면 월기月記라도 쓰도록 습관을 만들자. 글을 쓰기 위해 열심히 글감을 찾아 하염없이 쓸 필요까지는 없다. 그저 내 생生의 기록을 남긴다는 생각으로 글을 써보자. 책을 읽는 것도 그러하거니와 글을 쓰는 것만큼 좋은 습관도 없다. 예부터 쓰는 것을 게을리했다면 어찌 우리가 지금 글을 알 수 있고 역사를 알 수 있겠으며, 위대한 선조先祖의 글을 읽을 수 있겠는가.

매일 글을 쓰는 습관을 들이는 것은 나에게도 역사가 될 것이지만 장차 나의 후손들에게 물려줄 수 있는 크나큰 삶의 유산이 될 것이다. 그러니 지금부터라도 쓰는 습관을 몸에 익혀 매일 쓰는 것을 게을리하지 않는 것이 좋겠다.

3
늘 궁금증을 가져야 한다

배움이 없는 이는 금수와 같다.

학문은 우리들이 하지 않을 수 없는 일이다. 옛사람이 말하기를 학문은 제일의 의리라고 하였다. 그러나 나는 이 말에 병통이 있다고 생각한다. 대개 사물마다 법칙이 있는 것인데, 사람들이 배움에 뜻을 두지 않는다면 그 법칙을 따르지 않는 것이다. 그러므로 금수에 가깝다고 하는 것이다.

내가 지금까지 공부에 대해서 수없이 글과 편지로 권했음에도 불구하고 너희는 아직 경전이나 도덕, 혹은 예술에 관해 질문조차 하지 않고 역사책에 관한 논의도 않으니 이게 어찌 된 일이냐? 마음속에 약간의 성의만 있다면 아무리 난리 속이라도 반드시 진보할 수 있는 법이다. 집에 책이 없느냐? 재주가 없느냐? 총명이 없느냐? 어째서 스스로 포기하려 하는지 모르겠다.

– 다산의 편지 中

사람은 아는 게 많아질수록 궁금한 것이 늘어가는 법이다.

빈 수레가 요란하다는 말은 그냥 나온 것이 아니다. 가장 무서운 사람은 책을 단 한 권만 읽은 사람이고, 머릿속에 든 게 없을수록 아는 체를 하는 법이다. 우리는 인터넷을 통해서 지식을 쉽고 빠르게 접할 수 있는 세상에 살고 있다. 그러나 그것이 단순히 '얕은 정보'인지 아니면 내가 이해하고 깨달은 '진정한 앎'인지를 구분해야 할 것이다. 공부를 많이 할수록 내가 모른다는 것을 알게 될 것이다. 또한 세상을 살아갈수록 내가 모르는 것이 많다는 것을 깨닫게 될 것이다. 그러니 늘 책을 가까이하고 좋은 강의를 찾아서 듣는 습관을 기르는 것이 좋다.

많이 알려진 재밌는 이야기로 소크라테스의 사상 중 '무지의 지無知의知'라는 것이 있다. "나는 적어도 내가 모른다는 것은 안다."라는 뜻이다.

어느 날 소크라테스의 친구이자 제자인 카이레폰이 델포이의 신전에서 사제에게 신탁을 청했다. 질문은 "세상에 소크라테스보다 현명한 사람이 있는가?"였고, 신탁은 "없다."라고 했다. 당시 아테네에서 신성모독은 사형까지 가능한 죄였으니 신의 지위가 요즘의 종교와는 사뭇 달랐다. 카이레폰으로부터 이야기를 전해 들은 소크라테스는 이를 진지하게 생각하지 않을 수 없었다. 자신보다 현명한 사람이 없다니 그것은 불가능한 일이었기 때문이다. 소크라테스는 자신이 아무것도 모른다고 생각했기 때문에 자신이 지혜롭지 않음을 증명하기 위해서 그리스의 현명하다는 사람들을 찾아다니며 인터뷰를 했다.

하지만 그제야 소크라테스는 그리스에서 자신이 제일 현명하다고 신탁이 말한 이유를 알게 되었다. 자신이 그들보다는 그나마 덜 무지하다는 것을 말이다. 왜냐하면 인터뷰를 계속하다 보니 현명하다고 소문이나 있던 사람들이 실제로 아는 게 별로 없으면서도 자신이 무엇인가를 매우 잘 안다고 착각하고 있었던 것이다. 반면 소크라테스 자신은 적어도 자기가 아무것도 모른다는 것은 알고 있다는 것을 깨달은 것이다. 이것이 바로 "너 자신을 알라."의 시초이다. 소크라테스는 적어도 자신이 아무것도 모른다는 사실은 알고 있기 때문에 가장 현명한 사람이라고 무녀가 말했던 것이다. 이것을 '무지의 지'라고 한다. 진정한 현명함이란 자신의 무지를 자각하는 것에서 출발하는 것임을 소크라테스는 알고 있었다.

그 당시 소크라테스는 늘 궁금증을 가지고 지나가는 많은 사람들과 길에서 대화를 나누었다고 한다. 지금 세상에 그렇게 하기는 힘든 일이니 항상 궁금증을 가지고 책과 강의와 주위 사람들을 통해 꾸준한 삶의 공부를 게을리하지 말아야 한다.

늘 궁금증을 가지고 끊임없이 질문하고 탐구하는 습관을 가지는 것이 좋다.

사람은 아는 것이 많아질수록 궁금한 것이 늘어가는 법이니 말이다.

4
정치에 관심을 가져야 한다

다 같은 우리 백성이다.
정(政)의 뜻은 바로잡는다는 말이다. 다 같은 우리 백성인데 누구는 멍청하면서도 높은 지위를 차지하여 악을 퍼뜨린다. 반면 누구는 어질면서도 아랫자리에 눌려있어 그 덕이 빛을 못 본다. 그래서 붕당을 없애고 공평하고 바른 도리를 넓히며, 어진 이를 등용하고 못난 자를 몰아내어 바로잡았으니 이것이 바로 '정'이다.
반드시 경학(공자의 사상을 중심으로 사서오경을 연구하는 학문)을 공부하여 바탕을 다진 후 옛 역사책을 섭렵하여 옛 정치의 득실을 따지고 그것이 잘 다스려진 이유와 어지러웠던 이유 등의 근원을 캐보아야 한다.
사람들은 늘 '오륜 오륜' 하지만 붕당의 화가 그치지 않고 정치인을 반역죄로 몰아넣는 옥사도 자주 일어나고 있으니 군신유의의 도리는 이미 무너져 버렸다.

– 다산의 편지 中

정치에 관심을 가지지 않으면 가장 저질스러운 자들에게 지배당할 수 있다.

정치는 내 삶과 밀접하게 맞닿아 있다. 정치에 관심을 가지면 필연적으로 내가 지지하는 정당이 생긴다. 그것이 소수정당이 될 수도 있으니 반드시 거대 정당 중 한 곳을 지지할 필요는 없다. 말하고자 하는 것은 어떤 정당이 내 삶과 밀접하게 맞닿아 있고, 우리나라와 내 삶에 도움이 되는지를 면밀히 따져볼 필요가 있다는 것이다. 만일 A라는 정당을 지지하였는데, 그 정당에서 내 삶에 불리한 정책을 내놓는 경우도 있을 수 있다. 이런 경우, 나에게 조금 불리한 정책일지라도 국익에 도움이 되는 것이라는 판단이 들면 다소 미흡하고 아쉬운 점이 있더라도 조금 더 믿고 A라는 정당을 계속 지지하는 이른바 大(나라)를 위해 小(개인)를 희생하는 선택을 하든지 아니면 B라는 정당으로 나의 선택을 옮기든지 다양한 결정을 할 수가 있을 것이다. 이는 지극히 개인적인 판단이니 어떻게 하라고 말해줄 수가 없다. 다양한 관점으로 사고하고 판단한 후 나의 신념을 믿고 지지 여부를 결정해야 할 것이다.

사람이 완벽할 수는 없다. 사람은 누구나 잘못과 실수를 반복하며 살아간다. 누군가 잘못을 했을 때는 그 당시 상황과 그 잘못 하나만을 두고 지적할 수 있다. 그러나 개인이 아닌 나라를 다스리는 지도자를 두고 하는 말이라면 이야기가 달라진다. 정치 지도자를 선택하는 것은 단지 지금 그의 위치나 정책을 보고 단순히 결정할 수 있는 것이 아니다. 한순간의 잘못이나 실수는 당연히 엄중히 꾸짖되 그가 살아온 일생一生을 바라보고 판단하여 결정해야 할 것이다. 정치 지도자가 어떤 인생을 살아왔고, 어떤 실수를 했고, 어떤 실천을 하며 살아왔는지를 면밀히 살펴보고 판단해야 할 것이다. 정치와 종교는 아무리 부모라고 하더라도 자식에게 강요할 수 있는 것이 아니다. 그러니 꾸준히 공부를 하고 무엇이 개인과 나라를 위한 길인지를 잘 판단하여 선택할 필요가 있다.

일본에서는 입헌군주제와 의원내각제를 채택하였다. 입헌군주제란 '왕은 있지만 통치는 헌법에 의거하는 형태'를 말한다. 의원내각제는 '국민이 의회를 선출하고, 그렇게 선출된 의회 다수당에서 총리를 선출하는 형태'이다. 이는 다수당에서 '총리'가 나올 수밖에 없는 필연적인 구조를 가지고 있다. 가진 자와 못 가진 자, 많이 배운 자와 그렇지 않은 자 모두가 동등하게 한 표를 행사할 수 있는 '민주주의의 꽃'인 선거 시스템은 무척이나 아름답고 자랑스러운 것이라 할 수 있다. 우리와 가장 가까운 일본에서조차 국민이 직접 지도자를 선출할 수 없다는 것만 보아도 우리나라의 민주주의가 얼마나 위대하고 값진 것인지를 알 수 있을 것이다. 이 '한 표'를 얻기 위해, 그 민주주의를 얻기 위해 독재에 대항하여 피 흘리고 싸운 우리의 선배들이 있었다는 것을 늘 명심하며 민주주의의 중요성을 늘 가슴속에 새기고 살아가기를 바란다. 민주주의는 다수결로 선택이 된다. 물론 다수결로 선택된 것이라 하여 그것이 곧 '정의'라는 보장은 없다. 누군가는 개인의 이익을 위해서, 누군가는 학연, 지연을 생각하며, 누군가는 '복수'를 위해 투표를 통한 선택을 하곤 한다.

다음은 2022년 현재 한국에 살고 있는 나의 20년 지기 일본인 친구가 쓴 글 중 일부이다.

〈선택지가 있다는 것〉

한국은 대통령을 직접 뽑을 수 있다는 것이 부럽다. 일본은 의원내각제를 취하고 있기 때문에 국가를 대표하는 총리를 국민이 직접 뽑을 수가 없다. 두 개 있는 국회의 의원을 몇 년에 한 번씩 선거로 뽑고, 국회에서 총리를 선출한다. 결국은 여당의 대표가 총리가 되는 구조다. 게다가 보수 세력인 자민당이 2차 대전 후에 일관해서 힘을 가지고 있어 정권 교체 가능성도 거의 안 보인다. 그렇기 때문에 총리 개인의 인격이라든가 가지고 있는 철학, 행세는 대부분 국민에게는 큰 관심사가 아닌 것처럼 보인다. 어쨌든 누가 총리가 되느냐에 대해서 선택권이 없기 때문이다. 일본인은 "누구를 총리로 뽑느냐"라는 말을 쓰지 않고 "누가 총리가 되느냐"라는 말을 쓴다.- 중략 -

나는 투표권은 없지만 적어도 이 사회를 좋게 만들려고 하는 수많은 동료들과 함께 내 몫을 하려고 한다. 이 제도 안에서 아무리 멀어도 계속 소리를 치고 몇 번 깨져도 계속 벽에 부딪치고 변화를 만들 것이다. 내가 그것을 선택했기 때문이다. 여러분의 선택은 어떤가. 한국 사람들은 정치에도, 일본 국민의 힘에도 실망했던 일본인인 나에게 민중의 힘이 얼마나 큰가를 보여준 사람들이다. - 이하 생략 -

- 오오쿠사 미노루 씀

대중들은 늘 정치인들이 설치해놓은 몇 가지 큼직한 프레임Frame(어떤 사건에 대해 다른 의미를 부여하기 위해 그것을 다른 맥락에 갖다 놓는 것)에 따라 움직인다. 그리고 정치인들은 이슈Issue를 덮기 위해 새로운 프레임을 갖다 붙인다. 그중 하나가 '정치 혐오' 프레임이다. 우리나라뿐만 아니라 전 세계 정치에서 자주 벌어지는 것이 바로 진흙탕 싸움이다. 이를 통해 일부 정치인들은 '그놈이 그놈'이라는 프레임을 씌워서 정치 혐오를 부추기고 사람들을 정치에서 멀어지게 만든다. 그들이 가장 바라는 두 마디는 바로 "나는 정치에 관심 없어." "그놈이 그놈이야."라는 말일 것이다.

예전에는 언론에서 이야기하는 것을 곧이곧대로 믿었지만 이제는 개인 채널이 다양화되어 있기 때문에 내가 찾아보고자 하면 무엇이 진실인지를 쉽게 알 수 있다. 또한 정치는 '최악'이 아니라 '차악'을 선택하는 것이라는 말도 공공연하게 사용된다. 이 또한 진흙탕 싸움 프레임의 하나로서 정치를 악惡의 구도로 만들어 국민들의 눈과 귀를 가리려고 하는 수단일 뿐이다. 그러니 두 눈 크게 뜨고 귀를 쫑긋 세우고 정치를 공부하며 세상의 변화에 주목해야 한다. 시민이 깨어 있어야 나라가 바로 설 수 있다.

권력은 모름지기 균형과 견제가 바탕이 되어야 한다. 하지만 균형과 견제를 잘못 이해하면 크나큰 부작용을 낳을 수 있다. 예를 들어 A정당 출신인 독일 총리가 지금 정치를 하는 것이 다소 미흡하다고 치자. 그것에 대한 균형과 견제가 이루어져야 한다며 독재자 히틀러에 버금가는 인물이 반대당인 B정당에서 나타나 '신나치주의'를 외치며 폭주를 한다면, 그래도 그 인물을 선택하는 것이 과연 균형과 견제일까? 그럼 만일, 이번은 A정당을 지지하고 다음은 B정당을 지지한다면? 매번 A정당, B정당을 공평하게 번갈아 가며 선택한다면 나는 지극히 균형과 견제를 잘하는 합리적인 사람이라고 할 수 있을까? 더 악질적인 사람이 B정당에서 계속해서 나온다고 해도 나는 계속 균형과 견제를 외치며 A, B를 번갈아 선택할 것인가? 아니라는 것을 분명히 알고 있을 것이다. 균형과 견제는 그럴 때 쓰는 말이 아니다. 균형과 견제라는 듣기 좋은 말에 현혹되어 휘둘릴 것이 아니라 다시 한번 깊이 있게 잘 따져볼 일이다.

나치 독일의 선전장관 요제프 괴벨스Joseph Goebbels는 이렇게 말했다. "우리가 어떤 나라에 쳐들어가면 그 나라 국민은 세 가지 부류로 나뉜다. 저항세력레지스탕스, Resistance과 협력세력콜라보, Collaborator, 그리고 그 사이에서 머뭇거리는 대중Masses이 있다. 그 나라 국민들로 하여금 자신들의 온갖 부와 권리가 약탈되는 것을 참고 견디게 하려면 머뭇거리는 대중을 레지스탕스 무리에 가담하지 않고 콜라보들 편에 서도록 설득해야 한다."

식민지를 쉽게 다스리기 위해서는 국민의 대다수를 차지하는 대중을 콜라보화 시키는 것이 가장 중요하다는 것이다. 민족의 반역자인 콜라보가 될 것인지 구국救國의 영웅인 레지스탕스가 될 것인지는 스스로가 선택해야 할 일이다. 구국의 영웅인 레지스탕스가 되는 것은 위험도 따르고 상당히 고된 일이 될 것이다. 그러니 대다수의 대중이 콜라보 무리가 되는 것보다는 '소극적 레지스탕스' 무리가 되는 것이 어찌 보면 나와 나라를 위해 가장 현명한 선택이 될 수도 있다.

찾아보기 귀찮다고 정치를 외면해서는 안 된다. 그 피해를 결국 누군가는 감내해야 한다. 귀찮더라도 다시 한번 진실을 확인해보고, 싫더라도 다시 한번 더 찾아봐야 한다. 매트릭스를 탈출할 수 있는 유일한 길은 바로 '선택'이다. 평생 매트릭스 속에서 살아갈 것인지? 아니면 빨간약을 먹고 현실세계로 나올지는 본인의 몫이다. 누구나 잘못된 판단을 할 수는 있다. 하지만 시간이 지나 그것이 잘못된 판단이라는 것을 알아챘을 때는 이내 바꿔야 한다. 그러나 그때는 이미 내가 선택한 것에 대한 타당성을 너무 많이 정당화시키며 주위에 전파한 후다. 부끄럽기도 하고 오기도 생겨 죽을 때까지 종교처럼 믿고 끊임없이 자기합리화를 하자고 생각할 수 있다. 하지만 그러기에는 우리 인생은 한 번뿐이라 너무 아깝다.

이는 비단 정치에 대한 오판誤判만이 아니다. 사람은 본인이 선택한 다른 모든 것들로부터 자유로울 수 없다. 선택에는 책임이 따르니 말이다. 따라서 다소 고통이 수반隨伴되겠지만 구더기 무서워 장 못 담그는 어리석음을 범하지 말아야 한다. 깊은 진흙탕에 살짝 빠졌을 때는 한시라도 빨리 발을 빼는 것이 상책이다. 계속 들어가다가 무릎, 허리, 가슴까지 잠기는 것은 순식간이다. 혹시 지금 내가 정치를 잘 모르고 있는 건 아닌지 생각이 든다면 다양하게, 깊고 넓게 찾아보며 어리석은 정치인들보다 내가 더 현명한 시민이 되도록 노력해보면 어떨까?

> "정치를 외면한 대가는 가장 저질스러운 인간들에게 지배당한다는 것이다."
> (One of the penalties for refusing to participate in politics is that you end up being governed by your inferiors.)
>
> -플라톤

5
공부를 열심히 한다는 것

내가 누차 말했듯이 폐족(廢族: 큰 죄를 지어 그 자손이 벼슬을 할 수 없는 집안)으로서 세련된 교양이 없으면 더욱 가증스러운 일이 되고 만다. 사람들이 천하게 여기고 세상에서 얕잡아 보는 것도 서글픈 일이다. 그런데 너희들은 지금 스스로를 천하게 여기며 얕잡아 보고 있으니 이야말로 더욱 비참한 일이다. 그러니 너희들은 다시 분발하여 공부하여라. 내가 이어온 실낱같은 우리 집안의 공부하는 전통을 너희들이 더욱 키우고 번성시켜 보아라. 그러면 세상에서 다시 빛 보게 될 것은 물론이고 아무리 대대로 벼슬 높은 집안이라도 우리 집안의 자존심과는 감히 견줄 수 없을 것이다. 무엇이 괴롭다고 이런 일을 버린 채 노력하지 않는 것이냐.

– 다산의 편지 中

비단 학교 공부만이 공부가 아니다. 어찌 교과서에 나오는 것만이 공부라 할 수 있겠는가. 무릇 진정한 공부는 교과서 밖에 있는 것을 배우는 것으로부터 시작된다. 많은 사람들이 전공을 하지 않을 것 같으면 미분적분이나 과학 같은 학문은 필요 없다고 생각할 수 있다. 그러나 절대로 명심해야 할 것이 있다. 서지 못하면 걷지를 못하고 걷지 못하면 뛰지 못하는 법이다. 만일 학생이라면 학교 공부를 제대로 하지 않았으면서 졸업하고 난 후에 공부를 하겠다는 핑계는 대지 말아야 한다. 학창시절에 기본적으로 공부를 열심히 해야 한다. 만일 그때 미처 못 배웠거나 미흡한 것이 있다면 졸업을 하고 따로 공부를 하는 노력을 기울여야 하는 법이다. 학창시절에 하는 공부는 기본 중에 기본이다. 단지 교과서를 배운다고만 생각해서는 안 된다. 학교를 통해 우리가 살아가면서 알고 있어야 할 기본 상식을 배우는 것이다. 학교에서 배우는 것은 단순한 공부만이 아니다. 공부하는 습관과 인내심을 포함하여 우리가 살아가며 몸에 익혀야 할 공부에 대한 기본적인 '자세'를 배우는 것이다.

어떤 한 소년이 수레에 책을 가득 싣고 걸어가고 있었다. 때마침 연암 박지원의 제자이자 실학 4대가로 불리는 이서구가 그곳을 지나가다 그 모습을 보았다. 열흘쯤 후에 일을 마치고 고향으로 돌아오는 길에 그는 지난번의 그 소년을 다시 만났다. 소년은 여전히 수레에 책을 가득 싣고 걸어오고 있었다. 이서구가 이상하게 생각하여 소년에게 물었다. "전에도 황소 등에 책을 싣고 가는 것을 보았는데 오늘도 이렇게 많은 책을 싣고 가는 걸 보니 너는 책은 읽지 않고 싣고만 다니는 것이냐?" 그러자 소년이 대답했다. "이미 다 읽었습니다. 저는 집에 있는 책을 다 읽어서 외갓집에서 책을 빌려다 보고 있습니다." 이서구가 깜짝 놀라 수레를 보니 유교 경전뿐 아니라 『통감강목』, 『제자백가서』 등 어려운 책이 대부분이었다. "『통감』을 어찌 열흘에 읽느냐?" "읽었을 뿐만 아니라 외울 수도 있습니다. 못 믿으시겠다면 제가 읽은 책을 보고 물어보시면 되지 않습니까?" 이서구가 믿기지 않아 수레에 있는 책을 뽑아 시험하자 이서구의 물음에 소년은 거침없이 대답했다. 이에 이서구가 거목이 될 묘목이라고 칭찬하며 머리를 쓰다듬었다. 그가 바로 500여 권의 책을 저술한 조선 최고의 학자 다산 정약용이다.

많은 이들이 나이가 들어서 새롭게 공부를 시작한다. 내 주위만 보더라도 중년의 나이가 되어서 영어와 한국사를 공부하고 드럼과 기타, 그리고 운동을 배우는 사람들이 참으로 많다. 학창시절에는 그것을 무료로 알려주고 배울 수 있는 충분한 시간이 있음에도 불구하고 정작 그것을 배우는 데 게을리한다. 그때 그 시간의 소중함을 모르고 지나치는 것은 많은 사람들이 겪는 시행착오다. 우리가 현재를 소중하게 생각한다면 세상 누가 뒤늦은 후회를 할까. 하지만 대다수의 사람들이 인생이 유한하다는 것을 머리로는 알고 있지만 마치 인생이 무한한 것처럼 지금을 살아간다. 그렇기 때문에 나중에 후회를 한다.

나 역시도 군대를 다녀와서야 진정한 공부가 시작되었다. 뒤늦게 깨달은 공부의 즐거움이 참으로 재밌었다. 미술과 음악을 공부하며 예술가

들의 삶과 그들의 심오한 세계를 어렴풋이 알게 되었다. 역사를 공부하며 지나온 세월의 흔적을 알게 되었고 어떻게 세상을 살아나가야 할지를 배우게 되었다. 운동을 배우며 땀의 소중함과 운동선수들의 피나는 노력을 알게 되었고 인문학과 철학을 공부하며 삶에 대한 의미와 삶을 바라보는 진지함을 깨달을 수 있었다. 학생들은 비단 국어, 영어, 수학 중심으로 열심히 해야 한다는 생각보다는 집중해야 할 공부에는 더 집중을 하되 본인이 지금 하고 있는 모든 공부가 내 삶과 밀접하게 맞닿아 있다는 생각으로 모든 공부를 게을리하지 않는 것이 좋다. 학창시절을 게을리 보내면 졸업을 하고 사회에 나와서 다시 아까운 돈과 시간을 투자해서 배워야 하니 학창시절에 다양한 배움을 한껏 즐기는 것을 권한다.

행복은 성적순이 아니라고 한다. 하지만 평균적으로 학창시절의 성적에 따라 행복의 순위가 나뉘는 것이라는 말도 있다. 이 말에 100% 동감하지는 못하지만 어느 정도는 공감을 한다. 돈이 세상의 전부가 아니라고 하지만 돈이 없어서 불편하지 돈이 많아서 불편한 점은 별로 없다. 인생의 목표가 꼭 돈이 될 필요는 없겠지만 돈을 가까이 당겨오려면 현재 나에게 주어진 일을 열심히 해야 하는 것은 당연한 이치이다. 학창시절 공부를 열심히 한다면 좋은 학교를 가고 좋은 직장에 취직할 수 있다. 아니면 열심히 공부한 지식을 배경 삼아 창업을 한다고 해도 공부를 열심히 해서 얻는 것이 많지 열심히 하지 않아서 얻는 것은 드물다. 학생은 공부를 열심히 해야 하고 부모는 자식을 열심히 부양해야 한다. 사회인으로서는 열심히 일을 하고 사회에 공헌하는 것이야말로 본분에 충실한 삶을 사는 것이라고 할 수 있다.

그러니 어떠한 것이 되었건 지금 내 삶에 충실할 필요가 있다. 프로게이머가 되지 않을 거라면 게임을 하는 시간을 조금 줄이고 코딩을 배워보는 것이 좋다. 책을 한 권 읽었다면 한 페이지의 글을 써보는 것이 좋다. 짧은 영상을 몇 시간 봤다면 나만의 영상을 하나 만들어서 올려보는 것이 좋다. 이처럼 공부는 지천에 널려 있다. 학교에서 하는 공부만이 공부가 아니다. 어떤 종류의 공부가 되었건 평생 공부를 게을리하지 말아야 한다. 훗날 돌이켜 보면 지금 흘린 내 눈물과 땀이 좋은 밑거름이 되었다고 느낄 것은 두말할 필요가 없을 것이다. 이제 지식 소비자가 아닌 지식 생산자로 살아가도록 노력할 필요가 있다.

공부는 기본적으로 열심히 해야 한다.

학교 공부만이 공부가 아니니 기본적으로 학교 공부를 열심히 하며 공부하는 자세를 만들고 이 세상에 대한 많은 공부를 하며 좋은 어른이 되어야 한다. 단, 공부보다 인성을 우선시해야 한다는 것은 남녀노소 불문 늘 기억해야 할 것이다.

6
배움은 같아도 깨달음은 다를 수 있다

하루는 묘령의 소년이 찾아와서 문장을 배우고자 청하기에 물었더니 열아홉 먹은 이인형이라고 하였다. 가져온 책 상자를 열어보니 재주깨나 있어 이름을 얻은 이른바 최신 유행풍의 시문이었다. 배 속에 든 것을 점검해보니 마치 호로병이 물을 토해내듯 콸콸 쏟아져 책 상자보다 수십 배 더 풍부한 청산유수의 대답이 돌아왔다.
"자네, 뛰어난 문장이 될 수만 있다면 평생 불우하더라도 아무 후회가 없다고 했는가? 과거시험 제도와 공부는 이미 실질 공부와 동떨어져서 문제가 많은 것은 인정하겠네. 하지만 나라의 제도가 바뀌지 않는 한 과거를 통하지 않고 세상에 쓰일 길이 없지 않은가? 조광조와 이황과 이이 같은 큰 학자들도 과거를 보지 않을 수 없었던 것은 과거가 올바른 공부의 길이어서가 아니라 어쩔 수 없어서였을 뿐일세. 그런데 자네는 과거도 출세도 흥미가 없고 오로지 문장가만 되면 다른 모든 것을 희생해도 후회가 없겠다고 하는군. 나는 자네가 우리 시대에 꼭 필요한 인물로 성장해주면 좋겠네. 그게 싫다면 차라리 문장에 힘 쏟는 열정으로 노름질하고 기생집을 드나드는 것이 문장을 배우는 것보다 오히려 해가 적을 것일세. 가보게."

– 다산의 편지 中

똑같이 새벽이슬을 먹어도 벌은 꿀을, 뱀은 독을 만든다. 과거시험의 폐단을 알면서도 과거를 보는 선비들이 있는 반면 이인형과 같은 경우도 있을 수 있다. 깨달음을 달리하기 위해서는 몇 수 앞을 내다보는 안목이 필요하다. 동일한 배움 속에서 보다 나은 깨달음을 얻기 위해서는 평소 준비가 되어있어야 한다. 기회는 준비된 자에게 온다는 말과 같이 평소에 준비된 자가 더 큰 깨달음을 얻을 수 있다는 것은 자명自明한 사실이자 세상의 이치理致가 아니겠는가. 그러니 평소 시간을 허투루 쓰거나 배움을 게을리하지 말고 늘 스스로를 갈고닦아야 한다.

예를 들어 초청 강의 의뢰를 받았다고 하자. 그런데 그것이 특정 종교였고 약간은 이단의 이미지를 가지고 있는 종교라 망설여졌다면 어떻게 해야 할까? 그럴 경우에는 망설이지 말고 기꺼이 강의를 하는 것이 좋다. 똑같은 이슬을 먹고도 벌은 꿀을 만들고 뱀은 독을 만드는 법이다. 새벽이슬은 밤사이 하늘에서 살포시 내려앉아 생겼을 뿐인데, 벌은 새벽이슬이 나에게 꿀을 주었다고 하고 뱀은 새벽이슬이 나에게 독을 주었다고 말한다. 마찬가지로 같은 가르침을 주어도 그것을 꿀로 받아들이는 사람이 있는 반면 독으로 받아들이는 사람이 있다. 그 누가 이것을 이슬의 잘못이라 하겠는가. 이슬은 그저 몸을 맡긴 것일 뿐 벌과 뱀이 받아들이는 차이일 뿐이다.

작가나 강사를 비롯해 지혜와 지식을 나누는 선생들은 단지 새벽이슬을 만드는 역할을 해줄 뿐이다. 그것을 꿀로 만들거나 독으로 만드는 것은 받아들이는 사람의 몫이다. 선생의 역할은 투명한 새벽이슬을 만드는 것에서 끝난다. 선생은 국가를 가리고 종교를 가리고 인종을 가리면 안 된다. 종교에서 가르치는 지식과 전쟁터에서 가르치는 지식과 학교에서 가르치는 지식이 별반 다르지 않을 것이다. 선생은 그저 진리를 추구하고 전파할 뿐이다. 그것을 배우고 익히고 가공하여 본인의 것으로 만드는 것은 오로지 청중의 몫이다. 청중이 달라졌다고 하여 가르치고자 하는 지식이 달라지는 것은 아닐 테니 말이다.

이는 인간관계에 있어서도 마찬가지다. 마음에 드는 이성에게 사랑한다고 고백하는 것은 내 마음이고 그것을 받아들이는 것은 상대방의 마음이다. 관계가 어색해질까 봐 쉽게 말을 하지 못하는 것뿐이지 내 마음을 상대에게 던져주면 이후 그것을 판단하고 선택하는 것은 상대의 몫일 뿐이다. 일을 하면서도 마찬가지다. 내가 해야 하는 업무는 최대한 빨리 마무리하고 상대에게 넘겨주는 것이 좋다. 그 이후부터는 일을 넘겨받은 상대의 시간이 흐르는 것이다. 굳이 흐르는 시간에 대한 책임과 부담을 내가 가지고 있을 필요가 없다. 홀가분해지고 싶다면 마음이든 일이든 상대에게 넘겨주는 게 좋다. 그 이후로는 상대의 시간 속에서 모든 것이 흐르게 되는 것이다.

우리가 세상을 살아가며 때로는 배우기도 할 것이고 때로는 가르칠 때도 있을 것이다. 살면서 만나는 많은 배움과 가르침을 잘 활용하여 새벽이슬을 통해 꿀을 얻는 벌이 되면 좋겠다. 가르치기 위해서는 배워야 할 것이고 배운 다음에는 또 가르쳐야 할 것이니 가르침과 배움은 그런 면에서 다르지만 또 같다고 할 수 있을 것이다.

배움은 같아도 깨달음은 다를 수 있다. 똑같이 새벽이슬을 먹어도 벌은 꿀을 뱀은 독을 만드는 것처럼 말이다. 부디 이슬로 꿀을 만드는 벌이 되어 널리 세상을 이롭게 하자. 많은 가르침과 배움을 통해 나이가 들어서도 나이 들지 않도록 살아가는 것이 좋겠다.

7

책은 정답을 주지 않는다

내가 몇 해 전부터 독서에 대하여 깨달은 바가 무척이나 많다. 마구잡이로 그냥 읽어 내리기만 하는 것은 하루에 천백번을 읽어도 오히려 읽지 않는 것과 다를 바가 없다. 무릇 독서 도중 의미 모르는 글자를 만날 때마다 널리 고찰하고 세밀하게 연구하여 그 근본 뿌리를 파헤쳐 글 전체를 이해할 수 있어야 한다. 날마다 이런 식으로 책을 읽는다면 수백 가지의 책을 함께 보는 것이 된다. 이렇게 읽어야 책의 뜻과 이치를 훤히 꿰뚫어 알 수 있게 되는 것이니 이 점을 깊이 명심해야 한다.

– 다산의 편지 中

책은 정답을 주기보다는 힌트를 줄 뿐이다. 책을 쓴 저자 또한 한낱 인간일 뿐이다. 그와 내가 다른 점은 그는 책을 썼다는 것이고 나는 아직 책을 쓰지 않았다는 것이다. 저자마다 생각하는 것도 글을 쓰는 수준도 다르다. 결국은 저자도 객관적 사실을 바탕으로 하되 본인의 주관적인 생각을 일부 녹여 글로 풀어내는 것이다. 그러니 저자가 하는 말이 정답일 리는 없다. 이는 당연한 일이다. 그저 저자의 생각을 바탕으로 해석한 하나의 관점일 뿐이라고 생각하는 것이 좋다.

요즘은 글을 쓰고 그것을 책으로 출간하는 사람이 참으로 많다. A라는 저자는 강아지에 대한 글을 쓰며 무섭다고 표현을 한다. 그는 어린 시절 골목길을 걷다가 뒤따라온 강아지에게 물린 기억을 떠올리며 강아지는 무섭다는 생각에 평생 사로잡혀 그가 쓴 책에 묘사되는 강아지는 모두 무섭게 표현되어 있다. 반대로 B라는 저자는 어린 시절부터 집에서 키워온 귀여운 강아지를 떠올리며 강아지는 사랑스럽다고 표현을 한다. 그렇다면 강아지는 무서운 것일까? 아니면 귀엽고 사랑스러운 것일까? 하나의 주제에 대해서 둘 이상의 저자가 다루는 관점이 다른 것일 뿐이다. 그것이 정치를 바라보는 시선일 수도 있고 역사, 종교나 학문에 대한 관점이 다르게 나타날 수도 있다.

한 가지 더 예를 들어보자. A라는 저자는 책을 읽는다는 것은 그 자체로 완결된 행위라고 한다. 책을 읽는 행위 자체가 완성된 것이다. 그것을 굳이 글로 옮기거나 정리를 할 필요가 없다고 한다. 필사의 중요성을 간과看過하라는 것이 아니다. 단지 그것이 감상문이나 요점정리이건 아니면 필사이건 간에 읽은 책에 대한 글을 쓰는 게 의무가 되면 책을 읽는 재미를 잃을 수도 있다고 한다. 책은 읽는 그 자체가 행복이어야 한다고 말한다. 하지만 B라는 저자는 필사의 중요성에 대해서 이야기한다. 글을 읽는 것에서 그치지 말고 읽었으면 '반드시' 써보도록 해야 한다고 말한다. 그렇다면 책을 읽는 것 자체로 완결된 행위니 필사는 하지 않는 것이 좋은 것인가? 아니면 필사를 꼭 해야 하는 것인가? 이 역시 정답은 없다. A 저자의 책만 읽은 독자는 평생 필사나 감상문 따위는 쓰지 않을 확률이 높고 B 저자의 책만 읽은 독자는 평생 감상문이나 필사만 하다가 나중에는 필사가 힘들어 독서를 그만둘지도 모른다. 그와는 반대로 필사를 통해 크게 성장할지도 모를 일이다. 둘 중 무엇이 옳다고 할 수 없으니 이런 경우 독서법에 관한 다양한 책을 읽어보고 나에게 맞는 독서법을 찾는 것이 올바른 방법일 것이다.

이처럼 저자는 책을 쓰기 위해서 일반적인 독자들보다 그 분야에 대해 사전조사를 하고 공부를 하며 더 많은 숙고熟考의 시간을 거쳐 그것을 글로 나타낸 것일 뿐 100% 정답은 아닐 경우가 있다. 어떤 의미로 보자면 세상에 100%라는 것은 없으니 그저 '조금은 불완전하다.'거나 '완전한 것은 아니다.' 정도로 이해하는 것이 나을지도 모르겠다. 그런 의미에서 보자면 책을 통해 '정답'을 찾으려 하는 노력이 어찌 보면 참으로 어리석은 것일 수도 있다. 정답을 찾으려고 하기보다는 그저 힌트를 얻고자 한다면 책을 받아들이는 나의 마음이 조금은 더 너그럽고 편안해질 수가 있을 것이다. 다양한 책을 읽으며 다양한 저자의 생각을 종합하여 스스로의 방식으로 나만의 해석을 해 보기를 바란다.

고대 그리스의 철학자 소크라테스는 책은 지나치게 고정되어 있고 사람들이 그것을 너무 신뢰할 것 같다는 생각을 했기 때문에 그 당시 새롭게 등장한 책 문화를 반대하고 경계했다. 사람들이 책에 쓰여 있는 내용을 무턱대고 진리로 받아들일 가능성이 높다는 것을 염려했을 것이다. 그는 길에서 사람들을 만나서 나누는 대화와 서로가 의견을 주고받으며 토론하는 것을 통해 진리를 탐구하는 것을 참으로 중요하게 생각했다. 보통 사람들은 풍경을 감상하거나 사색을 하며 산책을 하지만 그는 산책을 하면서도 오가는 사람들과 한참을 서서 토론을 했으니 그의 산책 시간은 참으로 바빴을 듯싶다.

나는 서삼독書三讀의 중요성에 대해서 늘 주위에 이야기한다. 책은 반드시 세 번 읽어야 한다. 먼저 책에 있는 글자를 읽고, 다음으로 책을 쓴 필자를 읽고, 최종적으로는 그것을 읽고 있는 독자 자신을 읽어야 한다. 책을 읽으며 행간의 문맥을 정확히 파악하도록 노력해야 한다. 책을 읽는다는 것은 저자와 대화를 나누는 것이다. 즉 어떤 책을 읽느냐가 중요한 것이 아니라 어떻게 책을 읽느냐가 중요한 것이다. 책이 인간의 사고를 끊임없이 확장시킨다는 것은 예나 지금이나 변함없는 사실이다. 하지만 서삼독을 하지 않으면 책을 읽는 의미가 없다. 텍스트만 읽을 것이 아니라 글 속에 담긴 뜻을 음미하며 깊이 생각하고 책을 쓴 저자와 끊임없이 대화를 나누는 것이 좋다.

글을 쓴다는 것은 생각을 정리하는 것이다. 머릿속을 맴돌며 떠돌아다니고 있는 생각을 하나씩 당겨와 글이라는 흔적으로 남기는 것이다. 쉽게 잊힐 수 있는 생각을 제각각의 크기를 가진 사람들이 제각각의 글로 써 내려가 유형有形의 형태로 만들어 남기는 것이다. 생각을 글로 정리하지 않으면 경험으로 얻은 것을 오래 간직하지 못하고 때로는 실수로 잃은 것을 되찾지도 못하게 된다.

글을 쓴다는 것은 가장 고도의 사고 활동을 말하는 것이다. 그렇다면 책을 읽는다는 것은 가장 고도의 사고 활동을 하며 책을 쓴 저자와 대화를 나누는 것이다. 책을 읽는다는 것만으로도 가장 고도의 사고 활동을 이미 경험한 저자와 동급에서 대화를 나누는 것이라고 하니 독서라는 것이 얼마나 값지고 행복한 일인가?

독서를 통해 저자와 대화를 나누기 위해서는 저자가 말하고자 하는 것이 무엇인지 그저 쫓아가기에 급급해서는 안 된다. 책을 읽으면서 본인 스스로가 곰곰이 생각을 해 봐야 한다. 저자가 하는 말에도 모순이 있을지 모른다. 또한 중요한 부분임에도 불구하고 언급하지 않고 넘어간 부분이 있을지도 모른다. 저자가 쓴 글에 당연히 잘못된 내용이 있을 수도 있다. '책은 독자가 비판적 사고를 할 수 없게 만들 것'이라는 소크라테스의 경고를 떠올리며 책과 함께하는 시간 동안 늘 탐구하고 의심하고 질문하는 자세를 가지는 것이 좋다.

그렇다고 하여 저자가 쓴 글에 다짜고짜 무조건 반기를 들 필요는 없다. 근거와 대안조차 없이 반대를 위한 반대를 하는 것만큼 어리석은 일은 세상에 없으니 말이다. 하지만 그것이 나의 생각과 다를 경우에는 언제든 저자에게 질문하자. 지금 세상에 없는 이미 오래전 사람이라도 상관없다. 그렇다면 잠들어 있는 저자를 깨워서 물어보자.

"작가님. 이건 제 생각과 다릅니다만… 저는 이렇게 생각하는데, 작가님은 이 부분을 어떻게 생각하시나요?"

"아!~ 그 부분은 제가 놓쳤네요. 미안합니다." 또는 "그렇게 생각하실 수도 있겠군요. 그런데 제가 그렇게 생각한 이유는 말이죠…."

서삼독을 습관 삼아 책을 읽으며 저자와 끊임없이 대화를 나누는 것을 추천한다. 추가로 이메일이나 SNS를 통해 저자와 실제로 대화를 나눌 수 있는 기회도 적잖게 있으니 이를 잘 활용하기를 바란다.

우리는 살아가면서 정답을 찾기 위해 많이 노력한다. 하지만 인생에 정답이란 그리 쉽게 찾을 수 있는 것도 아니고 정답이란 것이 과연 있는 것인지도 모르겠다. 모든 것이 상황과 시기, 사람에 따라서 달라지는 것이니 말이다. 다른 이에게 정답인 것이 나에게는 정답이 아닐 수도 있다. 그저 내 생각에 정답에 가깝다고 생각되는 답을 찾으려고 노력하는 것이 아닐까? 책을 통해서 정답이나 정답에 가까운 답은 얻기 힘들 수 있다. 하지만 힌트 정도는 얻을 수 있다는 것을 늘 염두에 두자. 힌트를 얻었다면 그것으로 족할 것이다. 책에서 얻은 힌트를 통해 내가 찾고자 하는 정답을 스스로 도출導出해내도록 하자. 나만의 정답 또는 정답에 가까운 것을 말이다. 스스로 이룬 것만큼 보람된 일도 없다.

책은 답을 주지 않는다. 다만 힌트를 줄 뿐이다. 그 힌트를 통해 정답을 스스로 발견할 수 있도록 늘 책을 가까이해야 한다. 책이란 무엇인가를 생각해 보고, 무엇이 책인가도 항상 스스로에게 되물어보아야 한다.

8
부모의 인생을 공부해라

인격을 수양하는 것은 효도와 우애를 근본으로 삼아야 한다. 이에 최선을 다하지 않는다면 제아무리 학식이 높고 글솜씨가 뛰어난 사람이라도 마치 토담에다 색칠을 하는 것과 다름이 없다. 세상에서 가장 깊은 은혜와 가장 돈독한 도리로 부모 형제 관계를 넘어서는 것이 없다. 부모와 형제의 은혜와 도리를 소홀히 한 사람이 친구에게는 어떻겠느냐? 이는 쉽게 알 수 있는 이치이다. 너희들은 반드시 이것을 기억하여 불효자를 가까이하지 말거라. 그리고 형제간에 극진히 아끼지 않는 사람도 가까이하지 마라.

– 다산의 편지 中

부모가 살아온 삶 속에서 인생의 지혜를 얻을 것이다.

오십은 오십의 인생을 알고, 육십은 육십의 인생을 알고, 칠십이 되어서야 칠십의 인생을 안다는 말이 있다. 사람들은 내가 아는 것이 세상의 전부인 양 생각하며 살아간다. 그러나 내가 아는 것은 세상의 티끌일 뿐 인생 선배의 경험을 바탕으로 배울 수 있는 것들이 참으로 많다. 하물며 그 선배가 내 부모라면 세상 그 어떤 선배보다도 자세하게 잘 가르쳐줄 것이다. 그러니 얼마나 가깝고도 좋은 삶의 스승이라 할 수 있겠는가.

물론 부모라고 해서 모두가 성공한 사업가이거나 명성이 자자한 지식인일 수는 없다. 모든 부모가 그럴듯한 인생을 살아온 것은 아닐 것이다. 내 부모의 삶이 인생의 길이에 비해 깊이가 부족할 수도 있다. 그러나 깊으면 깊은 대로, 얕으면 얕은 대로 배울 것이 있다. 좋은 것은 배워서 내 것으로 만들고 좋지 않은 것은 그 또한 배워서 그렇게 하지 않아야겠다는 생각을 한다면 삶에 또 다른 도움이 될 것이다.

새로운 열매는 새로운 가지에서 열린다. 새로운 사람을 통해 새로운 일이 만들어지고 내가 몰랐던 것들을 알게 될 가능성이 높다. 하지만 애초에 나무의 뿌리와 기둥이 없었다면 새로운 가지 또한 생겨날 리 만무하다. 부모 자식 간의 인연은 본인이 선택할 수 있는 것이 아니다. 말 그대로 하늘이 맺어준 인연이다. 부모가 자식을 생각하는 백분의 일만 자식이 부모를 생각해도 부모는 살아가며 섭섭한 일이 없을 것이다.

나는 중년의 나이가 되어서야 비로소 부모의 인생을 공부하는 시간을 가지고 있다. 나는 요즈음 그분들이 살아온 인생을 되돌아보고 공부하면서 그동안 책이나 강의를 통해서는 미처 배우지 못했던 삶의 많은 부분을 다시금 깨닫고 배워나가고 있는 중이다. 나이가 든다는 것은 지극히 자연스러운 일이고, 또한 생각보다 멋지고 아름다운 일이다. 나이가 드니 젊을 때 비해 몸은 힘들지만 지식과 지혜와 경험은 점차 무르익는다. 연륜이 쌓이니 비우는 법도 알고 배려와 너그러움도 알아간다. 그런 부모의 인생을 잘 살펴보고 물어보고 공부하자. 그것보다 좋은 교과서가 없다. 내 삶에서 가장 좋은 때는 바로 지금이다. 사람은 나이만큼 늙는 것이 아니라 본인의 생각만큼 늙는 것이다.

그 사람의 뒷모습이 보이기 시작한다면 비로소 상대를 이해하고 사랑하는 것이라는 말이 있다. 뒷모습이 보이기 시작한 상대가 부모님이나 선배나 친구일 수도 있고, 배우자나 자식일 수도 있다. 누가 되었건 상대의 뒷모습이 보이기 시작한다는 것은 그가 살아온 인생을 알고 싶고, 그를 이해하기 시작한다는 말로도 해석할 수 있다. 나는 사십 중반이 넘어서야 비로소 부모님의 뒷모습이 보이기 시작했다. 빠르다면 빠를 수도 있을 것이다. 그러나 한편으로는 참으로 늦은 나이에 이제야 겨우 깨닫고 있다는 생각을 하니 후회가 앞선다. 나의 모습을 타산지석他山之石으로 삼아 지금부터 부모의 인생을 공부해보기를 바란다. 한시라도 더 일찍 공부하여 좋은 것은 적용하고 나쁜 것은 버리며 삶의 교훈으로 삼고 살아가기를 바란다. 어느 날 우리 부부의 뒷모습에 대해 이야기하기 시작한다면 그때가 비로소 내 자식들이 우리를 이해하는 시기가 되었을 것이라 생각해도 좋다.

마치 기적과도 같이 아이들이 우리에게 온 것을 계기로 나는 지금 삶의 모든 행복과 기쁨을 누리고 만끽하며 살아가고 있다. 마찬가지로 원하든 원치 않았든 우리 또한 부모님과 자식으로 인연이 맺어진 것을 삶의 어마어마한 일이라고 생각하자. 이렇게 기적과도 같이 맺어진 부모 자식 간의 인연의 끈을 앞으로 남은 시간 동안 잘 만들어 나가기를 바란다. 아울러 자녀가 부모의 인생을 공부하여 삶에 보탬이 될 수 있도록 부모의 인생을 가르쳐주는 시간을 종종 갖자. 그렇게 서로가 노력하며 살아나가면 좋겠다. 자식은 우리의 인생을 우리는 부모의 인생을 공부하면서 말이다.

"자식이 육십이 되어도 팔구십이 된 노부모는 늘 자식의 안위安危를 걱정한다." 나는 내 아버지가 이런 말을 평소에 두고 쓰시기에 그저 잔소리로만 치부하였다. 그러나 어느 날 내 부모의 뒷모습이 보이기 시작한 순간부터 한낱 잔소리가 아니라 그런 말들이 가슴에 와닿기 시작하더라. 그러니 부디 이 글을 기억하시길 바란다. 내가 세상을 살아가며 방향을 잃었을 때 부모의 인생을 공부했던 시간을 떠올려보자. 그리고 그들의 인생이 내 인생에 나침반과 같은 역할을 할 수 있도록 그들의 삶을 복기해보자.

부모의 인생을 공부해보자. 학교나 책에서는 미처 배우지 못했던 부모의 삶 속에서 진정한 인생의 지혜를 얻을 수 있을 것이다.

2022년 5월 8일 어버이날을 맞이하여

9
무식과 유식의 차이

배움이란 무엇이냐? 배움이란 깨닫는 것이다. 그럼 깨달음이란 무엇이냐? 깨달음이란 잘못된 점을 깨닫는 것이다. 잘못된 점을 깨달으려면 어떻게 해야 하느냐? 바른 말에서 깨달을 뿐이다. 이미 저지른 잘못을 깨닫고 나서 부끄러워하고 뉘우치며 고쳐야만 이것을 배움이라고 할 수 있다. 즐거운 것에서 비방이 무르익고 고통스러운 것에서 칭송이 자라난다. 지금 앉아서 공부하는 것이 당장은 괴로울지 모르겠다. 하지만 이것은 모두 훗날의 영광을 위한 것이니 참고 견뎌라. 지금 당장 즐거운 것보다는 고통스러운 것이 결국은 나를 기쁘게 한다.

– 다산의 편지 中

여러 분야의 다양한 정보를 알고 있는 사람들에게 유식하다고 한다. 그런데 다양하기는 하지만 얕은 정보를 많이 알고 있는 것은 유식하다 말하기 힘들다. 얕은 정보만 가지고 있는 것과 깊은 지식과 지혜를 겸비하는 것은 엄연히 다르다. 세상에는 무척이나 많은 정보가 넘쳐난다. SNS를 통해 쉽게 정보를 얻을 수 있지만 그중에는 신뢰할 수 없는 정보와 무의미한 정보들 또한 넘쳐나게 마련이다. 앞으로는 좋은 정보를 잘 보완하고 융합하여 나만의 것으로 만드는 기술이 계속 요구될 것이다. 그러려면 기본적으로 갖추어야 할 소양이 필요하다. 역사, 과학, 음악, 철학, 인문학 등 다양한 지식이 뒷받침된 상태에서 받아들이는 새로운 정보들을 나의 것으로 만들 필요가 있다. 그러니 평소 기초 지식에 대해서 꾸준히 공부하는 습관이 필요하다.

매일 의미 없는 흥미 위주의 것들로 소일消日하는 습관을 멀리하는 것이 좋다. 시간은 생각보다 빠르게 흐른다. 나는 가끔 내가 아직도 대학 시절이 아닌가 하는 꿈같은 생각을 하곤 한다. 하지만 어느새 세월이 이렇게 흘러버렸다. 참으로 시간이 화살과도 같다. 그러니 꾸준히 책을 읽고 매일 글을 쓰며 내 생각을 정리하고 재가공하는 시간을 가지도록 해야 한다. 몸으로 하는 일이든 머리로 하는 일이든 꾸준히 해서 무언가를 남겨야 한다.

자식들이 무언가를 물어보았을 때 전부는 아니라도 어느 정도 대답을 해줄 수 있는 소양을 지녀야 한다. 모든 것을 알기는 힘들지만 기본 상식과 기초학문에 대해서는 평소 틈틈이 공부를 해두는 것이 좋다. 다양한 학문에 대해 자세하지는 않더라도 큰 흐름 정도는 말해 줄 수 있을 정도의 기본 상식은 갖추고 살아가자. 매번 검색을 해서 찾아보지 말고 평소에 머릿속에 넣어두어야 한다. 검색은 학습이 아니다. 사색이 되어야 학습이 되는 것이다.

똑같은 길이의 인생을 살아왔지만 누구는 소양素養이 풍부하고 누구는 머릿속에 든 것이 없다. 이는 필시 본인의 노력 여하에 따라 나뉘는데, 게으름이 크게 한몫한다. 경험하고 배우는 것을 게을리하면 종국終局에는 그런 결과로 나타난다. 그 차이가 사람마다 다르나 본인 노력 여하에 따라 얼마든지 극복할 수 있다. 그러니 스스로를 위해서라도 지금부터 공부를 게을리하지 말아야 한다.

인간은 완벽한 존재가 아니기에 모든 것을 알 수는 없다. 하지만 내가 미처 모른다는 것을 알았는데도 게을러서 배우려고 하지 않으면 무식한 것이다. 무식한 줄 알고도 그대로 살아간다면 그것은 더 무식한 짓이다. 그런데 내가 무식한 줄도 모르고 살아간다면 그것은 바보 중에 일등 바보다. 내가 모른다는 것을 자각한 뒤 모르는 것을 배워 내 것으로 만들었을 때 비로소 유식하다고 한다. 지금 당장 조금 모르는 것은 문제가 아니다. 모른다는 것을 알았으면 지금부터 노력하는 자세가 중요하다. 자세를 취하는 바로 그 순간부터 유식의 반열에 들어선다.

인간이 신이 아닌 다음에 세상 만물을 모두 알 수는 없다. 모두 알려고 노력하지 않아도 좋다. 노력해도 모든 것을 아는 것은 불가능하니 말이다. 그저 상식선에서만 알도록 하자. 상식을 알아가기 위한 노력 여하에 따라 유식과 무식의 차이가 갈리는 것이니 배움을 습관화하자.

배우자를 선택함에 있어서도 신중에 신중을 기해야 한다. 무언가를 배울 수 있는 배우자를 선택하는 것이 좋다. 나는 아내와 매일 나누는 다양한 주제의 대화 속에서 세상을 배울 수 있었고 삶의 기쁨을 느낄 수 있었다. 배우자가 미처 알지 못하는 지식이라면 스스로 먼저 터득해서 알려줘 보자. 그렇게 서로 간에 나누는 지식의 향유享有를 통해 매일 삶의 기쁨을 만들어 가는 노력이 필요하다.

어제보다 오늘 지식 +1이 되도록 노력해보자.

10
매년 주제를 정해서 살아라

나는 어렸을 적 새해를 맞을 때마다 일 년 동안 공부할 과정을 미리 계획해 보곤 했다. 옛날 학문하는 방법은 다섯 가지가 있다. 넓게 배우고, 따져서 묻고, 조심해서 생각하고, 명백하게 분별하고, 독실하게 실행하는 것이다. 오늘날 학문하는 자들은 첫째 넓게 배울 뿐, 따져서 묻는 것 이하에는 마음을 쓰지 않는다. 시서와 예악으로써 그 기본을 배양하고, 역사와 철학으로써 세상의 바른 이치에 통하고 만물의 모든 실정을 두루 알게 된다. 그 지식이 중심에 쌓여서 땅이 만물을 지고 있는 것처럼, 바다가 모든 것을 포용하는 것처럼, 구름처럼 성하고 우뢰처럼 꿈틀거리면 그의 문장은 마침내 숨길 수 없게 된다. 그런 다음에 사물과 서로 만나는 것이다. 가깝게는 사람을 감동시킬 만하고 멀게는 천지를 움직이며 귀신을 감동시킬 만할 때 이것을 곧 훌륭한 문장이라 이른다.

— 다산의 편지 中

사람은 평생 생각보다 많은 것들을 하며 살아갈 수 있다. 5분, 10분을 아껴 쓰는 습관을 가져야 한다. 매일 누구나 똑같이 24시간을 선물 받아도 하루를 48시간처럼 쓰는 사람이 있고 12시간의 가치도 누리지 못하는 사람이 있다. 매일 허투루 보내는 짧은 시간을 소중히 생각해야 한다. 무언가를 기다리며 흘려보내는 5분, 10분을 아껴서 책을 읽거나 강의를 듣는 데 사용해 보자. 그렇게 누적된 시간이 실로 커다란 선물이 되어 돌아올 것이다. 늘 꿈을 꾸고 그 꿈을 이루기 위해 글로 써서 잘 보이는 곳에 놔두고 끊임없이 노력해야 한다. 항상 꿈을 향해 노력하고 도전하는 자세가 필요하다. 도전을 하면 실패와 성공의 확률이 50%지만 시도조차 하지 않으면 실패 확률이 100%다.

특별한 케이스고 누구나 따라 하긴 힘들지만 일론 머스크의 삶을 한번 살펴보자. 1971년 남아공에서 태어난 일론 머스크는 열두 살 어린 시절 독학으로 코딩을 익혀서 게임 잡지사에 500달러를 받고 팔았다. 학창시절 친구들에게 괴롭힘을 당해 전학을 갔는데 그곳에서 더 심한 괴롭힘을 당한 경험도 있다. 이후 캐나다에서 대학을 다니다 미국 아이비리그 유펜(펜실베니아 대학교)으로 편입하여 물리학과 경제학을 복수 전공하고 졸업을 했다. 졸업 후 학자금 대출로 진 빚만 12억이었다. 어린 시절부터 사업에 소질이 있었던 그는 사업을 하다 실패할까 봐 두려워 매일 1달러로 몇 달을 살아보았다. 생각보다 살 만하다고 느낀 그는 자신감을 얻어 사업을 시작했다. 24살에 첫 사업을 시작했는데, 뉴욕타임즈와 시카고 트리뷴 같은 메이저 신문사에 지역 정보를 제공하는 회사를 만들었다.

나중에는 이 회사를 2,200만 달러에 컴팩에 매각했다. 이후 지금의 카카오페이와 같은 온라인 결제 시스템의 시초가 된 페이팔Paypal을 차려서 이베이에 팔았다. 2002년에는 '스페이스 X'라는 회사를 설립해서 우주 사업을 시작했다. 테슬라의 최대 주주였던 그는 그 다음 해 테슬라의 CEO가 된다. 그는 영화나 만화에도 출연을 하고 사운드 클라우드에 랩을 해서 올리기도 한다. 우리는 스티브 잡스를 이야기할 때 '혁신'이라는 표현을 한다. 하지만 일론 머스크를 이야기할 때는 '인류의 도약'이라는 표현을 쓴다. 지금도 그는 하루에 16시간 이상 일한다.

> "저는 사실 두려움을 많이 느끼곤 합니다. 하지만 그 어떤 일이 중요하다고 충분히 판단되면 실패가 예상되더라도 바로 실행에 옮겨버립니다. 마지막으로 저는 절대 포기하지 않습니다."
>
> – Elon Musk(일론 머스크) –

가끔 늦은 저녁 나와 함께 술잔을 기울이며 이야기를 나누는 선생님이 있다. 교육을 전공한 그는 학문에 대한 배움을 게을리하지 않으며 늘 끊임없이 공부하는 것을 삶의 습관으로 삼고 있다. 그가 세상을 살아가는 방식을 들으며 많은 것을 깨달았고 그렇게 사는 것이 단 한 번뿐인 인생을 참으로 의미 있게 만드는 것일 수도 있겠다는 생각을 해 보았다. 그가 삶을 사는 방식은 다음과 같다. 매년 주제를 정해서 사는 것이다. 2020년 물리학을 주제로 잡았다면 그해는 물리학에 관한 책과 강의를 통해 일 년 내내 물리학에 관해 끊임없이 공부를 하는 것이다. 2021년을 철학이라는 주제로 잡았다면 그해는 철학에 대해 끊임없이 공부를 한다. 2022년은 경제, 2023년은 종교, 2024년은 세계사… 예를 들어 이런 식으로 원하는 주제를 정해서 일 년 동안 그 분야의 공부를 하며 사는 것이다. 별것 아니라고 생각할 수도 있다. 그러나 사람은 남이 이미 이뤄놓은 것을 쉽게 생각하는 경향이 있다. 나는 지금까지 이렇게 살아온 사람을 만나보지 못했고 그의 이야기를 들으며 적잖은 충격을 받았다. 지금부터 내가 실천하며 살아가야 할, 내가 배워야 할 삶이기도 하다.

"일론 머스크를 보면서 한 사람이 인생을 살아가며 어떻게 그렇게 많은 것을 배우고 이루며 살 수 있는지 경외감이 들었습니다."라고 말하는 그의 모습을 보며 나 또한 경외감이 들었다. 일론 머스크의 삶을 동경하여 그렇게 살고자 노력하는 그의 삶을 통해 큰 깨달음을 얻을 수 있었다.

우리는 살아가며 많은 스승을 만난다. 길을 걷다 만나는 나무가 스승이 될 수도 있고 내 자식이 나의 스승이기도 하다. 내 아내 역시 나의 스승이며, 내 부모와 내가 아는 많은 사람들이 나에게 깊은 가르침을 준 스승이었다. 이처럼 살아가며 만나는 수많은 스승으로 인해 깨달음을 얻을 수 있다. 그런데 중요한 것은 깨달은 그것을 실천하느냐 실천하지 않느냐의 차이다. 나는 그 선생님의 이야기를 들으며 나도 올해부터 주제를 하나 정해서 살기로 했다. 그것을 위해 배움을 게을리하지 않아야겠다는 생각을 했다. 또한 그 말을 들은 날로부터 지금까지 꾸준히 실천을 해오고 있다. 매년 이런 계획을 세우고 매일 실천하며 살아간다면 십 년, 이

십 년이 지난 후에 나의 삶이… 아니 우리의 삶이 얼마나 변해 있을지 궁금하다.

때로는 혼자서 하는 것보다 집단지성이 필요할 때가 있다. 일 년에 하나씩 주제를 바꾸어가며 혼자서 공부를 하는 것보다는 여럿이서 함께하는 것이 더 낫겠다는 생각이 들었다. 무언가를 공부하기 위해서 일 년이라는 시간도 짧겠지만 나는 주기를 더 짧게 하기로 했다. 모자라면 한 번 더 하면 되니 말이다. 방법을 생각하다가 내가 운영하는 독서모임에서 함께하는 분들과 같이 공부를 하기로 했다. 매달 한 번씩 만나서 독서토론을 하는데, 한 가지 주제를 정해 석 달 동안 공부를 하기로 했다. 첫 주제가 독서법이었고 두 번째 주제가 물리학이다. 우리는 생각보다 무척이나 진지하고 깊은 토론을 진행했다. 모두가 함께하는 시간이 서로에게 충만한 시간이 되어 잊을 수 없는 과정과 결과를 만들었다. 앞으로도 이 훌륭한 분들과 함께 꾸준히 주제를 정해 공부를 해나갈 심산이다.

매년 주제를 정해서 살아가면 좋다.

사람은 한평생 생각보다 많은 것을 하며 살 수 있다. 이를 꾸준히 실천하며 살아간다면 내 인생에 이보다 값진 선물이 없을 것이다.

11
이야기의 본질을 파악해라

학자란 궁한 후에야 비로소 저술 활동을 할 수 있다. 아주 총명한 학자가 지극히 곤궁한 지경에 놓여 종일 홀로 지내며 사람들 떠드는 소리라든가 수레 지나가는 시끄러운 소리들이 들리지 않는 고요한 시각에야 경전이나 예에 관한 비밀스러운 의미를 비로소 연구해낼 수 있는 것이다. 반드시 벼슬 집안의 아이로서 어려서부터 듣고 본 바가 있는 데다가 도중에 재난을 만난 너희 같은 젊은이들만이 진정 독서하기에 가장 좋은 조건이다. 그네들이 책을 읽을 수 없다는 것이 아니라, 의미도 모르면서 그냥 읽는다면 책을 읽는다고 치는 것이 아니기 때문이다.

– 다산의 편지 中

겉만 바라보지 말고 이야기의 핵심을 파악해야 한다.

하나를 배워 열을 아는 사람이 있다. 반면에 열을 배워도 하나밖에 모르는 사람이 있다. 개인의 차이에서 오는 받아들임의 정도가 다른 것이다. 항상 이야기의 본질을 파악하도록 노력을 하자. A를 말하기 위해 B와 C를 예로 들었는데, B가 좋고 C가 나쁘다는 식의 해석은 올바르지 않다. 말을 하는 화자話者는 A를 이야기하기 위해 B와 C를 끌어온 것인데, 정작 A에 대해서는 관심이 없다. A는 뒷전이고 B와 C에 대해서만 이야기한다면 말하는 입장에서는 답답하기 그지없다. 이는 D나 E를 예로 든다고 해도 마찬가지일 것이다. 책을 읽고 강의를 들을 때는 혼자서 이해하고 해석하는 것이니 그나마 덜하다. 그런데 상대를 두고 대화를 할 때는 대화의 핵심을 파악하는 것이 무척이나 중요한 문제다. A를 말하고 있는데 계속 동문서답이나 하고 있으면 다음에 나와 다시 만나줄 리 만무하다.

이는 문해력과도 연관이 있다. 문해력Literacy은 '문자를 읽고 쓰고 이해하는 능력'을 말한다. 문자Letter나 문학literature과 어원이 같다. 이는 단순히 읽고 쓰는 능력만을 말하는 것이 아니라 심오한 의미의 읽기와 쓰기와 이해력을 말한다. 제대로 이해하기 위해서는 제대로 읽어야 맥락을 올바르게 파악할 수가 있다. 또한 사고를 제대로 하기 위해서는 문해력이 필수 불가결한 역할을 한다. 사고력의 기본은 이해력, 소화력, 독해력이다. 독해력이 글을 읽어서 뜻을 이해하는 능력을 말하니 이해력과 독해력은 의미가 비슷하다고 봐도 된다. 기본적으로 문맥을 제대로 파악하지 못하면 그것을 이해하여 소화시킬 능력이 떨어진다. 그러니 자연스레 입을 다물거나 아니면 동문서답을 한다. 이를 벗어나기 위해서는 평소 독서와 사색을 많이 하며 생각하는 힘을 키워야 할 것이다. 아울러 굳이 책으로 만들어진 것만이 아니라 짧은 글(제대로 된 사설, 논평, 기사)도 평소에 많이 읽고 요점을 정리하여 내용의 본질을 파악하려고 꾸준히 연습하는 것이 좋다.

초등학교 시절부터 문해력을 키워놓으면 국어뿐만이 아니라 다른 과목도 자연스레 성적이 올라가게 된다. 과목에 상관없이 모든 학문의 기본은 지문을 읽고 이해하는 능력에서 비롯되니 말이다. 국어를 제대로 이해하지 못하면서 다른 과목 공부가 잘될 리 만무하다. 문해력은 비단 학생들만이 익혀야 하는 것이 아니다. OECD 국가를 대상으로 문해력을 조사한 결과가 있다. 우리나라의 경우 35~44세의 문해력은 평균 이하이고, 45세 이후는 하위권이라고 한다. 이 부모들에게 영향을 받은 아이들의 문해력이 어떠할지는 불을 보듯 뻔한 일이다. 1학군에서는 애초에 문해력의 중요성을 인지하고 조기교육을 시킨다. 그러니 다른 곳과 차이가 나는 것이다. 단지 공부를 하기 위해서 문해력이 필요한 것이 아니라 우리가 살아가며 의사소통을 하기 위한 기본 수단으로 필요한 것이다.

어떤 주제를 말하기 위해 일론 머스크를 예로 들었는데, 일론 머스크의 잘못을 지적하면 안 된다. 스티브 잡스와 빌 게이츠의 생을 예로 들어 교훈을 이야기하는데, 그들의 사생활을 떠들며 본질에서 벗어난 이야기를 하면 안 된다. 문해력의 부족에서 오는 어리석음이 스스로를 갉아먹을 수 있다. 그러니 문해력을 키우기 위한 노력을 게을리하지 말아야 할 것이다.

내가 아는 동생이 태국 면세점에서 일을 한 적이 있었다. 그가 한국에 돌아와 같이 식사를 했는데, "타지에서 한국인들을 만나니 처음에는 반가운 마음이 든다."고 하더라. 그런데 시간이 흐르자 나중에는 "한국인들만 보면 겁부터 난다."고 하는 것이다. 이유를 들어보니 한국 사람들이 말은 통하는데, 의사소통이 안 된다고 하는 것이다. 같은 나라 사람이라서 한국어는 통하는데, 떼를 쓰고 동문서답을 하니 답답해서 미칠 지경이라고 한다. 모두가 그런 것은 아니겠지만 일부 그런 사람들을 겪어본 그의 입장을 헤아리지 못할 바도 아니었다. 이 역시도 이야기의 본질을 파악하지 못하는 것으로부터 비롯되는 것이 아닌가. 문해력의 부재로 인해 나타나는 문제가 여러모로 심각하다.

대화를 나누기 위해서는 늘 이야기의 본질을 파악해야 한다. 상대와 공감하고 그의 말과 글을 헤아려야 한다. 핵심을 파악하지 못한 채 겉만 맴돌아서는 안 된다. 그러니 평소 읽고 쓰고 사색하는 것을 게을리하지 말고 늘 스스로를 갈고닦는 일에 여념이 없어야 한다.

Chapter 2

사람에 대하여

1
좋은 친구를 만나라

스스로의 인격을 엄격하게 갈고닦았다면 그가 사귀는 벗도 자연스레 단정한 사람을 만나게 된다. 기질로 인생의 목표가 비슷하게 되어 서로 찾게 마련이니 억지로 사귀려고 애쓰지 않아도 된다. 불효자를 가까이하지 말고, 형제간에 극진히 아끼지 않는 사람도 가까이하지 말거라. 사람의 진면목을 보려면 그가 가정에서 하는 행실을 관찰하면 된다. 나는 벗을 사귐이 온당치 못한 나머지 마치 화살촉을 갈고 칼날을 담금질하여 나를 해칠 궁리만 하는 이들이 사방에 널렸는데 이들 대부분이 예전에 나와 친교를 맺었던 사람들이다. 나는 이 일로 친구 사귀는 법을 비로소 깨달았다.

– 다산의 편지 中

어떤 친구를 만나느냐에 따라 사람의 인생이 바뀔 수 있다.

인생은 선택의 연속이다. 살아가며 수시로 만나는 선택의 갈림길에서 늘 올바른 선택만을 할 수는 없다. 하지만 시행착오를 최대한 줄이기 위해서는 다산의 글처럼 스스로의 인격을 엄격하게 갈고닦아야 한다. 내가 어떤 사람을 만나느냐에 따라 삶이 달라지고 인생의 크고 작은 모든 것들이 바뀌게 된다. 학창시절에 만나는 인연을 소중히 여겨야 한다. 초, 중, 고등학교를 지나 대학에서 만나는 동창들이 내 인생의 가장 오랜 친구로 남는 것은 두말할 필요가 없다. 하지만 오래된 친구라고 하여 진정한 친구라고 생각할 필요는 없다. 오래된 친구라는 것이 처음 인연을 맺은 이후 지금까지 흘러온 시간만 오래되었지 졸업 후 연락도 몇 번 하지 않은 그저 동창생 정도로 머무른 '그저 그런 인연'도 무척이나 많다. 오히려 나는 사회에서 만나 인연을 맺은 친구들이 더 깊은 관계로 발전한 경우가 많다.

학창시절에는 친구는 동갑이라는 공식이 성립하지만 학교를 졸업하고 사회에서 만나는 친구가 굳이 동갑일 필요는 없다. 유오성과 장동건 주연의 영화 〈친구〉를 보면 '친구'는 가까이 두고 오래 사귄 벗이라고 한다. 오래 사귀었다고 볼 수는 없지만 내가 사회생활을 하며 만난 동갑이 아닌 친구들과의 관계를 두고 생각한다면 학창시절 동창생들보다 오히려 더 깊은 관계를 유지하는 경우가 많다. 나는 위로 30살 아래로 30살 정도의 차이가 나는 친구들과 교제를 하며 살아왔다. 나이 많은 친구(선배)에게는 그 나름대로 배울 것이 있고 나이가 어린 친구(후배)들에게도 배울 것들이 충분히 있었다. 친구는 나이를 초월한다.

사람은 젊을 때는 선배들과 어울리고 나이가 들면 후배들과 어울려야 하는 법이다. 세상의 흐름에 뒤처지지 않기 위해서이기도 하지만 인생의 주역들과 어울리며 스스로를 나이 들게 하지 않기 위함이기도 하다. 나이가 들어가며 너무 많은 새로운 인연들을 만들 필요는 없지만 선별하여 어느 정도의 새로운 인연은 만들고 우정을 유지해나갈 필요가 있다. 새로운 열매는 새로운 가지에서 열린다. 백날 매일 만나는 사람들과 어울리며 매번 똑같은 생각과 똑같은 말만 한다면 어제와 또 다른 내일을 기대하기가 힘든 법이다. 새로운 일은 새로운 인연을 통해서 만들어지는 법이다. 학창 시절이건 사회생활을 하면서건 부디 좋은 인연을 잘 만들어 그와 내 인생에 서로 도움이 되는 관계로 발전시켜 나가는 것이 좋다.

아울러 세상을 살아가며 만나는 많은 인연들 중 참으로 중요한 것이 남녀 간의 만남이다. 좋은 남자는 좋은 여자로 인해 만들어지고, 좋은 여자 또한 좋은 남자로 인해 만들어지는 것이다. 여자든 남자든 이성을 잘못 만나 패가망신하는 경우를 자주 접할 수 있다. 그러니 부디 좋은 이성을 만나 행복한 평생을 만들어나가길 바란다. 좋은 이성을 고르는 방법은 스스로가 선택해야겠지만 참고가 될까 하여 힌트를 조금 공개한다.

1. 성품이 좋은 사람

사람은 사계절을 겪어보아야 알 수 있는 법이라고 한다. 짧은 연애를 통해 내 인연이 아니라고 판단되어 빠른 이별로 이어질 수도 있을 것이다. 하지만 내 사람인지 아닌지는 사계절이 지나 보면 자연스레 알게 된다. 작정하고 속이는 경우를 제외하면 보통 사계절을 두고 보면 성품이 드러난다. 동성이든 이성이든 사계절을 겪어보면 상대를 알 수 있으니 이를 기억해야 한다. 성품을 알았다면 그 이후는 스스로가 잘 판단할 일이다. 사이코패스도 많지만 더 무서운 것은 소시오패스다. 소시오패스는 '무조건' 걸러라.

2. 어른에게 잘하는 사람

요즘 애완동물을 키우는 집들이 많다. 집에서 키우는 강아지나 고양이에게는 사랑과 정성을 기울이며 무척이나 잘 대한다. 하지만 막상 어른들을 대하는 태도에는 문제가 있는 경우가 있다. 기본적으로 사람을 대하는 태도를 말하는 것이며 그중 어른을 대하는 태도를 자세히 관찰해보자. 어른에게 예의 바른 사람치고 어긋난 사람 없다. '~하는 척' 하는 것과 정말 내면이 드러나게 '~하는 것' 정도는 구별할 수 있는 눈을 평소에 기르도록 해야 한다.

3. 사소한 것으로 시비가 붙거나 싸우는 상대를 경계할 것

연애 시절 사소한 것으로 '자주' 시비가 붙거나 그것이 싸움으로 이어진다면 이는 필시 결혼생활에서도 그대로 이어질 확률이 매우 높다. 애초에 평생을 그렇게 피곤하게 살기로 작정을 했다면 말리지 않겠으나 보다 원만하고 행복한 결혼생활을 원한다면 성격이 모난 이성은 피하는 것이 좋다. 이 또한 사계절을 만나보면 알 수 있다. 물론 내 성격이 모나지 않았는지도 수시로 자가진단을 해야 한다.

4. 너무 예쁘거나 잘난 이성異性에게 매료되어 이성理性을 잃지 않도록 할 것

아름다운 장미에는 가시가 있는 법이다. 내 눈에 보기 좋은 것이라면 다른 이에게도 보기 좋은 법이다. 예쁘거나 잘난 사람은 본인이 잘난 것을 안다. 그로 인해 자존심이 셀 수도 있고 콧대가 높을 수도 있다. 가장 좋은 것은 외모도 잘났고 내면도 잘난 것이겠지만 그런 이성을 만나기는 무척이나 힘든 법이다. 그런 이성을 만나고 싶으면 우선 스스로를 갈고닦아 그런 이성에게 어울리는 사람이 되도록 하는 것이 좋다. 그래야 거기 걸맞은 상대를 만날 수 있다. 변진섭 가수의 노래 '희망사항' 마지막 구절을 떠올려보자. "그런 여자에게 너무 잘 어울리는 난 그런 남자가 좋더라."

5. 독서와 사색을 즐기는 사람

그런 사람에게 늘 배울 것이 많다는 것은 당연한 말이다. 술을 권하는 친구보다 책을 권하는 친구를 만나야 한다. 책을 가까이하는 사람을 만나서 손해 볼 일이 없다. 독서를 해서 얻는 지식과 기억을 통해 창조와 상상력이 만들어지고 그것은 나를 형성하는 자원이 된다. 독서는 나를 좀 더 나답게 만드는 일이다. 그러니 독서와 사색을 즐기는 상대를 만나 서로에게 도움이 되는 시간을 만들어가는 일이 중요하다.

만일 나의 아버지와 어머니가 만나지 않았다면 지금의 나는 없었을 것이고 아이들 또한 태어나지 않았을 것이다. 살아가며 만나는 좋은 친구들 중 동성 친구들도 중요하나 이성 친구도 가려 사귀도록 하여 내 인생의 소중한 유산을 만들어 가는 것이 좋다. 자고로 '초록은 동색'이고 '유유상종類類相從'이라고 하였다. 좋은 상대를 만나기 위해서 내가 먼저 좋은 사람이 되어야 한다는 것은 지극히 당연한 이치다. 이것을 반드시 명심하고 늘 스스로를 갈고닦는 것이 좋다. 스스로를 갈고닦음에 있어 게으름이란 있을 수 없다. 쉼과 게으름은 분명 구분되는 것이니 적당히 쉬었으면 이제 또 움직이자.

갈수록 세상이 밝아지고 좋아진다. 밝게 빛나는 세상 한구석에는 분명 밝은 빛과 대조되는 어둠이 있을 것이다. 세상이 밝아진 대신에 우리의 마음은 어두워졌는지도 모른다. 그 어둠 속에서 한 줄기 빛을 찾기 위해 이토록 친구를 갈망하는 것인지도 모르겠다.

좋은 친구를 만나라.
그와 당신의 인생이 바뀔 것이다.

2

돈으로 사람을 거를 수 있다

베풂은 덕의 근본이다.

절약만 하고 쓰지 않으면 친척이 멀어진다. 기꺼이 베푸는 것은 덕을 심는 근본이다. 가난한 친구와 궁색한 친척은 힘닿는 대로 도와줘야 한다. 너희가 남을 돕지 못하면서 어찌 다른 집에서 너희들이 곤경에 처했을 때 달려올 것을 바라겠느냐? 남이 어려울 때 자기는 은혜를 베풀지 않으면서 남이 먼저 은혜를 베풀어주기만 바라는 것은 너희들이 지닌 그 오기 근성이 없어지지 않았기 때문이다. 자기 정성을 다하여 다른 사람의 환심을 얻는 일에 조심하고 마음속에 보답 받을 생각은 갖지 말거라. 훗날 너희가 근심이 있을 때 그 사람이 보답해 주지 않더라도 부디 원한을 품지 말 일이다. 비록 가벼운 농담일망정 '나는 예전에 이렇게 저렇게 해주었는데 저들은 그렇지 않구나!' 하는 소리를 절대 입 밖에 내뱉지 말아야 한다. 만약 그러한 말이 단 한 번이라도 입 밖에 나오게 되면 지난날 쌓아 놓은 공덕은 하루아침에 재가 바람에 날아가듯 사라져 버리고 말 것이다.

— 다산의 편지 中

요즘은 체Sieve를 잘 사용하지 않는다. 체로는 곡식을 거를 수 있다. 그런데 사람을 걸러내는 체가 될 수 있는 것이 바로 돈이다.

누군가 나에게 돈을 빌려달라고 하면 내 생활에 지장이 없는 범위 내에서 기꺼이 돈을 빌려줘 보면 어떨까. 물론 액수는 본인이 판단해야 한다. 대신 돈을 돌려받을 수 있을 거라는 큰 기대는 하지 않는 것이 좋다. 상대를 믿고 기다리되 못 받으면 그뿐이라 생각하는 것이 좋다. 돈을 돌려받지 못하더라도 참으로 큰 것을 얻은 것이고 돈을 돌려받으면 그것은 더 큰 것을 얻은 것이다. 단, 이는 평소에 그만한 신뢰를 쌓은 사람에게만 해당되는 것이다. 몇 번 만나지도 않았고 서로를 잘 알지도 못하는 상태에서 그런 부탁을 하는 이들은 당연히 의심하는 것이 좋다.

많은 사람들이 돈을 빌려주지 말고 차라리 갚지 않는 조건으로 그냥 조금만 도와주라고 하는데 이 말도 맞다. 하지만 말만 그렇게 하지 그냥 도움을 주는 사람들도 세상을 살아가며 만나기는 정말 힘들다. 이 세상에는 입만 가지고 살아가는 사람이 참으로 많다. 상대가 나와의 신의를 저버리고 제날짜에 돈을 갚지 않는다면 장차 독이 될 수 있는 인연을 몇 푼의 돈으로 미리 끊어낸 것이라 생각하고 훌가분하게 털어버리면 그뿐이다. 언제든 나에게 등을 돌릴 수 있는 상대를 몇 푼의 돈으로 시험해 볼 수 있는 기회이니 굳이 나쁘다고만 할 필요도 없을 것이다. 만일 상대가 나와의 약속을 소중히 생각하고 그 돈을 갚는다면 그는 나를 평생의 은인으로 생각할 것이고 살아가며 평생 나의 든든한 응원군이 되어줄 것이다.

축하와 고마움은 늘 선물로 표현하는 것이 좋다. 말로만 "축하한다.", "고맙다."고 표현하는 것은 하수다. 말로만 축하와 고마움을 전하는 것은 선물을 할 만한 가치는 없지만 인사치레는 해야 하는 상대이기에 그리하는 것이다. 그것이 아니라면 선물을 해야 할 정도의 축하는 아니라는 판단에서다. 하지만 '그 정도'의 축하를 판단하는 것은 오로지 스스로의 기준으로 나누는 것이다. 사소하더라도 조그만 선물을 더해 축하를 한다면 이 사람이 나를 어떻게 생각하는지를 상대는 바로 안다. 반대로 굳이 하지 않아도 될 상대에게 선물을 하면 상대가 부담스러워할 수도 있으니 상대와의 관계를 잘 생각해서 현명하게 판단해야 할 것이다. 선물을 받는다고 해서 다 좋지만은 않다. 받고 싶지 않은 상대도 있을 수 있으니 말이다.

사람은 누구나 내가 선물을 할 만한 가치가 있는 사람에게만 선물을 한다. 세상 모든 것은 Give & Take다. 받았으면 주어야 하고 주었으면 받은 상대도 당연히 돌려주어야 하는 것이 인지상정이다. 받기만 하고 베풀지 못하는 사람은 멀리하는 것이 좋다. 당신은 그들의 부모가 아니다. 세상에 조건 없는 사랑은 부모가 자식에게 베푸는 사랑밖에는 없다.

인심은 돈으로 내는 것이다. 인심을 쓰고 살기 위해서는 여유가 있어야 한다. 평소 고마운 사람, 마음 쓰이는 사람에게 인심을 내고 살기 위해서는 아무래도 금전적 여유가 있는 것이 좋다. 예전처럼 품앗이를 하며 집안일을 거들어줄 수도 없는 일이니 말이다. 하지만 더 중요한 것은 마음의 여유다. 금전적 여유가 있어도 베풀지 못하는 사람이 있다. 이는 마음의 여유가 없는 사람이라 그런 것이다. 사랑도 받아본 사람이 주는 법이다. 선물도 받아봐야 줄 수 있는데, 받은 적이 많지 않으니 적시적소適時適所에 해야 할 선물을 하지 못하는 것이다. 선물은 타이밍을 놓치면 아니함만 못하니 타이밍을 잘 살펴야 한다. 많이 받아봤더라도 마음이 인색하여 그런 경우도 있을 테니 이를 잘 가려 사람을 만나는 것이 좋다.

나와 인연을 맺은 후 나에게 먼저 선물을 하는 사람을 잘 기억하자. 무엇이 그로 하여금 나에게 선물을 하게 만들었고 그 사람은 평소 나에게 어떤 사람이었는지를 생각해보자. 내가 그에게 줄 것은 무엇이고 그가 나에게 줄 것이 무엇인지 생각해보자. 굳이 그렇게 이해득실을 따지지 말고도 생각해보자. 그저 그의 순수한 마음이 아닌지도 생각해 볼 필요가 있다. 세상의 좋은 인연은 뜻하지 않은 곳에서 생겨나게 마련이다. 세상을 살아가며 우연히 만나 나에게 먼저 손을 내밀어준 한 사람이 평생의 인연으로 함께할 수도 있고, 평소 친하다고 생각했던 사람이 어느 순간 나를 배신하여 크나큰 상실감을 안겨줄 때도 있다. 이유 없는 친절을 베푸는 사람을 조심할 필요도 있지만 만일 그에 대한 검증이 끝난 상태라면 나도 받은 만큼 베풀어 평생의 인연을 만들어 가면 어떨까. 모든 상황에서 예외는 있기 마련이니 항상 무조건이라는 것은 없다고 생각하는 것이 좋다.

돈은 있다가도 없고 없다가도 있는 것이다. 돌고 돌아서 돈이 아닌가.

경제관념은 가지고 살아야 하지만 지나치게 재물만 탐하다 보면 그르치기 마련이다. 너무 재물에 집착하여 돈의 노예가 되지 않도록 늘 스스로를 되돌아보며 살아가는 것이 좋겠다. 어려운 주위도 돌아보면서 살면 세상이 좀 더 훈훈해지지 않겠나.

3
원수는 잊고 은혜는 갚아라

용서하는 사람이 큰 인물이다. 나도 일찍이 남의 잘못을 용서해 주지 않았는데 어찌 네가 출렁거리는 넓은 강물처럼 남의 잘못을 포용할 수야 있겠느냐? 국량(局量)의 근본은 용서해 주는 데 있으니 용서할 수만 있다면 결국 큰 그릇이 될 수 있느니라.

– 다산의 편지 中

원수는 잊고 은혜는 갚아라.

그리할 수 있다면 인생이 평안해질 것이다. 잊자고 하면 잊지 못할 것이 없고 갚자면 갚지 못할 것이 없다. 좋은 것은 계속 생각하여 더 좋은 생각을 불러오도록 하고, 나쁜 것은 쉽게 잊어 안 좋은 생각이 머릿속에 맴돌지 않도록 하는 것이 좋다. 걱정이 걱정을 불러온다. 안 좋은 일을 계속 생각하여 나의 시간을 낭비하지 않아야 한다. 나는 한때 선배와 서로가 서운한 일이 있었다. 시간이 한참 지나서 선배가 연락이 와서 "우리가 부모 죽인 원수도 아닌데, 이렇게 안 보고 살 일이 있겠느냐?"라고 말했는데 많은 생각이 들었다. 먼저 용기를 낸 선배의 한마디에 끊어졌던 인연이 다시 연결이 되었다. 그 후 아무 일 없듯 지내며 서로가 이전보다 조심스러운 만남을 이어가고 있다.

용서하자고 마음을 먹으면 용서하지 못할 일이 없고 원수로 생각하고 살자면 또 그러지 못할 일이 없다. 하지만 내 마음에 원수가 많아질수록 마음은 점차 황폐해져 갈 테니 원수는 되도록 빨리 잊는 것이 좋다. 용서하기 힘들다면 잊으려는 노력을 해야 한다. 사실 부모 죽인 원수 정도는 아니라고 생각한다면 세상에 용서를 못 할 일도 없다. 하지만 사람은 누구나 나만의 기준이 있다. 내 기준에 부합하지 못하고 상대가 나를 실망시키거나 배신한다면 그것이 흔히 말하는 원수라는 말로 적용될 것이다. 그러나 가급적 그것을 되새기지 않는 것이 좋다. 그저 'out of sight, out of mind(눈에서 멀어지면 마음에서 멀어진다)'라는 말을 되뇌며 생각에서 지워버리는 것이 좋다. 일단 눈에서 멀어지게 만들고 마음에서도 지워버리면 마음이 한결 편해질 것이다. 세상 모든 사람들을 다 안고 살아갈 수는 없다. 살아가며 나와 맞는 사람도 있을 것이고 그렇지 못한 사람도 분명 있을 것이다. 인생이 유한하듯 인간관계도 유한하니 어느 선에서는 정리가 되어야 한다. 반드시 정리를 해야 할 필요는 없지만 정리가 필요하다면 정리를 하는 것이 정신건강에 좋다. 모든 사람을 다 만나며 내 시간을 허비할 수가 없으니 살아가며 인간관계도 가끔 정리를 하며 살 필요가 있다.

은혜는 반드시 갚는 것이 좋다. 누군가로부터 받은 도움과 은혜와 미소를 갚는 일은 잊어서도 미루어서도 안 된다. 살아가며 조건 없이 은혜를 베푸는 사람을 만나는 경우가 간혹 생긴다. 부모가 자식에게 베푸는 은혜가 그것일 것이다. 살아가며 가끔 그런 마음을 전하는 상대를 만나는 행운이 생길 수 있다. 반면에 나에게 은혜를 베푸는 상대가 무언가를 바라고 행하는 일일 수도 있다. 전자가 되었건 후자가 되었건 간에 받은 신세는 반드시 갚는 것이 좋다. 세상에 공짜는 없다. 상대가 순수한 마음으로 베푼 친절이라 하여 그것을 당연히 받아들이지 말아야 한다. 그에 상응하는 대가를 지불하는 것이 좋다. 단, 시기가 아주 중요하다. 시기를 잘 따져서 행하는 것이 좋다. 물질적인 것일 수도 있으나 나의 마음이 될 수도 있을 것이다.

은혜를 갚는 방법은 여러 가지다. 내 마음을 그에게 준다면 그 또한 내 마음을 모르지 않을 것이다. 가끔은 물질적인 것보다 마음을 주고받으며 평생의 인연으로 발전해나가는 경우가 생기기도 한다. 그런데 과연 마음만 주고받을 수 있을까? 마음을 주고받는 것에 더하여 이것 하나는 꼭 명심해야 한다. 축하와 선물은 입으로만 하지 말아야 한다. 아주 사소한 것이라도 내 마음에 더해 물질적인 선물을 꼭 함께 하는 것이 좋다. 사람이란 그런 것이고 세상사가 다 그런 것이다. 사소한 것이라도 그것을 주고받는 마음속에 우정이 더 돈독해지는 법이다. 그러니 사소한 선물이라도 상대에게 베풀며 상대와 나의 마음을 확인하도록 하는 것이 좋다. 누구든 항상 주기만 하는 것을 좋아하지는 않을 것이다. 받았으면 주고 주었으면 받는 것이 인지상정이다. 만일 누군가에게 무엇을 꾸준히 베풀었는데, 답이 없는 사람은 잘 지켜보고 가급적 멀리하는 것이 좋다. 베풀 줄 모르는 인색한 사람일 경우가 많다. 부모가 아닌 다음에야 조건 없는 사랑은 없는 법이다. 그러니 그것을 늘 생각하며 주고받는 것을 현명하게 실천하며 살아가는 것이 좋다. 원수는 잊고 은혜는 갚으며 살자.

기대가 없으면 실망도 없다. 특히 사람에게 너무 많은 기대는 하지 않는 것이 좋다. 사람에 대한 기대에서 오는 상처는 살아가며 지속적으로 생기게 마련이다. 그러니 사람에 대한 기대는 거두고 살아가는 것이 좋다. 기대를 하니 실망이 생기는 법이다. 기대를 안 하면 고마움만 생긴다. 상실감과 좌절감은 기대로부터 비롯되는 법이다. 누군가에게 기대를 하면 상대가 그 기대에 미치지 못했을 때 오는 실망과 화는 고스란히 나에게 고통으로 다가온다.

하나를 주었다고 해서 하나를 받으려는 기대는 하지 말자. 세상만사 주고받는 것이 인지상정人之常情이라지만 살아가다 보면 '사람이면 누구나 가지는 보통의 정서나 감정'이 통하지 않는 경우를 종종 발견할 수 있다. 이때 실망하지 않기 위해서는 주었을 때 받으려는 마음을 가지지 말아야 할 것이다. 상대가 주면 고마운 것이고 주지 않으면 당연한 것이라 생각하는 것이 좋다. 하지만 기대 없이 어찌 사람이 살아가는 재미가 있겠는가. 사람에 대한 '기대'와 '희망'은 따로 두고 생각하자. 실망을 피하기 위해 기대를 하지 말라는 것이지 사람에 대한 희망을 가지지 말라는 것이 아니다. 그러니 이를 가려서 생각해야 한다.

늘 인연의 소중함을 생각하며 살아야 할 것이다. 어떤 인연이 진짜 인연인지는 내가 무언가 필요할 때 상대가 보이는 성의에 의해서 판가름할 수 있다. 거기에 따라서 상대를 대하는 기준이 달라진다. 무릇 사람이란 그런 것이다. 그러니 평소 서로가 진실한 마음을 나누어야 한다. 마음을 나누며 좋은 인연을 많이 만들어갈 필요가 있다. 인연은 사회적 자본이라는 말로 달리 표현된다. 사회적 자본이 많은 사람이 될 수 있도록 좋은 관계를 맺고 좋은 인연을 만들며 살아가도록 하자.

기대가 없으면 실망도 없는 법이니 가깝다고 생각되는 사람에게 너무 큰 기대는 하지 말자. 생각에 그칠 뿐일 경우가 많다. 살아보니 내 생각처럼 가까운 사람이 그리 많지는 않더라.

4
스쳐 가는 인연은 그냥 보내라

사람이 집안에서 가장 힘써야 될 일은 그곳에 화기가 돌도록 하는 일이다. 일가끼리 자리를 같이한다거나 가끔 친한 손님이 찾아오면 기쁜 마음으로 맞아 대접해야 한다. 하룻밤이라도 더 주무시고 가게 하여 마음을 흐뭇하게 해주어야 한다. 재앙과 복의 이치에 대해서 옛날 사람들도 오래도록 의심해 왔다. 충과 효를 다한다 해서 꼭 화를 면하는 것도 아니고 방종 하는 놈이라고 해서 꼭 팔자가 사납지만도 않다. 착한 행동을 하는 것이 복을 받을 수 있는 당연한 길이라 군자는 애써 착하게 살아갈 뿐이다. 이 늙은 아비가 세상살이를 오래 경험하였고 또 어렵고 험난한 일을 여럿 겪어 보아서 사람들의 심리를 두루 알게 되었다. 무릇 천륜에 야박한 사람은 결코 믿을 수가 없으니 절대 가까이해서는 안 된다. 그가 비록 충성스럽고 인정 많고 부지런하고 민첩하여 온 정성을 다해 나를 섬겨 주더라도 그들은 끝내 은혜를 배반하고 의리를 잊어 먹는다. 아침에는 따뜻이 대해 주다가도 저녁에는 차갑게 변하고 만다. 그러니 절대 가까이하지 말거라.

– 다산의 편지 中

- **인연**因緣

인연이란 참으로 소중한 것이다. 그런데 살아가며 만나는 모든 사람이 다 인연은 아니다.

요즘은 너무 쉽게 만났다가 너무 쉽게 헤어진다. 쉽게 만든 인연은 오래가지 못한다. 그런 인연은 상대도 나를 쉽게 대하고 그만큼 나도 상대를 쉽게 대하기 마련이다. 쉽게 만든 인연은 가볍다. 서로의 득실을 생각하며 만든 인연일지도 모른다. 가벼운 데다 득실을 생각하니 인연이 깊지 못하고 서로가 따지게 된다. 가볍게 만든 인연이라 서로가 서로에게 별 미련이 없다. 예부터 사람은 사계절을 만나보아야 안다고 했다. 계절의 흐름을 지나 곡식이 만들어지고 그것으로 우리가 연명하는 것이다. 하물며 입으로 들어가는 곡식이 아니라 내 인생을 배불리 할 수도 있는 인연을 어찌 쉽게 만든단 말인가. 쉽게 만든 인연은 바람처럼 날아가 버릴 경우가 많으니 애당초 가벼운 인연을 만들지 않도록 주의하는 것이 좋다.

인연을 맺어서 도움이 될 때도 있지만 피해를 입는 경우도 많다. 그러니 늘 인연을 맺음에 서두를 필요가 없다. 나는 늘 혼자서 마음을 다 주고 진심을 쏟아부은 다음 혼자 상처를 받는다. 그래서 진실하지 않은 사람과는 인연을 맺지 않으려 한다. 진실한 사람과 진실한 소통을 해야 좋은 인연으로 이어져 오래간다. 그러니 그저 사람들을 많이만 만나려고 노력하지 않아도 좋다. 그들이 다 인연이 아니다.

옷깃만 스쳐도 인연이라 하지만 옷깃만 스친 사람들까지 모두 인연을 맺을 필요는 없다. 스쳐 가는 사람들을 모두 다 인연으로 만들려 하다 보면 정작 좋은 인연에게 소홀할 수 있다. 인연을 너무 헤프게 맺어서는 안 된다. 인간에게 주어진 시간의 유한함을 늘 명심해야 한다. 시간의 유한함을 생각한다면 내가 가용可用할 수 있는 시간을 따져보고 이를 반드시 기회비용으로 연결하여 생각해봐야 한다. 진정한 인연과의 소중한 시간을 지키기 위해서라도 스쳐 가는 인연은 무심코 지나쳐야 한다. 평소 이것을 구분할 수 있는 눈을 길러야 한다. 그것을 구분하지 못하고 모든 사람들과 인연을 헤프게 맺어놓으면 정작 좋은 인연을 만날 수 있는 기회를 놓치게 된다. 돈으로 환산할 수 없는 엄청난 기회비용을 잃는 것이다. 단지 좋은 인연을 만나지 못하는 것으로 그치면 좋겠지만 그렇지 않다. 좋지 않은 인연들로 인해 내 삶이 피해를 입는다. 그렇게 피해 입은 시간과 감정은 무엇으로도 보상받지 못한다. 몇몇 진실한 인연들만 있어도 삶을 살아가는 데 크게 부족함이 없다. 그러니 누가 사람을 많이 알고 지낸다고 해서 그것을 부러워할 필요가 결코 없다.

우리에게 시간은 한정적이다. 시간이 돈이라는 말을 허투루 생각해서는 안 된다. 시간과 돈, 능력 등 주어진 자원이 제한적인 상황에서 인간은 다양한 기회 모두를 선택할 수가 없다. 선택할 것과 버릴 것을 신중하면서도 빠르고 과감하게 판단해야 한다. 어떤 기회의 선택은 곧 나머지 기회들에 대한 포기를 의미한다. 그 기회 중 참으로 소중한 것 하나가 바로 인연을 맺는 기회라고 할 수 있다.

나는 세상을 살아오며 귀한 인연들을 많이 만났다. 그리고 인연들 중 좋지 않은 인연 또한 제법 있었다. 좋지 않은 인연인 경우에는 시간이 지나 인연을 정리하며 많은 생각을 할 수 있었다. 인연이 아닌 인연들로 인해 얻은 것과 버린 것들을 생각하며 다시는 그런 실수를 하지 말아야지 생각했다. 하지만 내가 사람을 잘 몰라서 그런 것인지 상대가 작정하고 가면을 쓴 것인지 가리는 것이 마냥 쉽지만은 않았다. 나이가 들며 조금씩 더 사람을 가려 만나는 법을 자연스레 알게 되었다. 그것이 연륜年輪인가 보다.

오랜 시간을 함께하고 싶은 사람일수록 더 격식을 차려 대하는 것이 좋다. 사람은 본디 자주 보면 귀한 줄 모르는 법이고, 귀한 것도 자주 대하다 보면 예사롭게 여기게 마련이다. 우리가 먹는 음식이 그러하고, 물과 공기 또한 마찬가지다. 늘 그 자리에 있는 것만 같고, 늘 당연하다고 생각하는 것이 사람이다. 음식은 지금의 우리 육신을 만들지만 우리가 살아가며 만나는 인연은 나의 내면 형성에 큰 틀을 마련한다. 가까운 사람일수록 어려워하는 지혜가 필요하다.

불가근불가원不可近不可遠을 기억해야 한다. 서로 간의 거리가 참으로 중요하다. 사람과 사람과의 관계는 늘 적당한 거리를 두어야 한다. 너무 가까이해서도 안 되고 너무 멀리해서도 안 된다. 항상 적당한 거리를 유지하는 것이 좋다. 마음의 거리라는 말로도 표현될 수 있다. 마음의 거리를 두며 가깝지도 멀지도 않은 적당한 거리를 유지하며 인간관계를 맺는 것은 세상을 살아가며 인간관계의 큰 지혜로 적용될 것이다. 남녀 간의 만남이 그러할 것이고 친구나 선후배와의 만남도 그러할 것이다. 너무 허물없이 대하면 실수를 하기 마련이다. 자칫 나의 밑바닥까지 상대에게 다 들춰질 수가 있다. 서로의 모든 것을 알아서 좋은 것도 있지만 상대의 밑바닥까지 다 알게 된다면 좋지 않은 일이 더 많을 수 있다. 모름지기 사람은 서로에 대해서 조금 모르는 것이 오히려 낫다. 상대에 대한 신비감을 떠나서 조금은 어려워하고 조금은 격식을 차리는 관계 속에서 신뢰와 존중을 만들어 가는 것이 좋다. 항상 상처는 멀리 있는 사람이 아닌 가까운 사람에게서 비롯되는 법이다.

사람은 완벽하지 못해서 세상을 살아가며 실수를 많이 한다. 사람을 만나는 것 또한 마찬가지 이치다. 좋은 사람인지 알고 만났으나 그렇지 못한 경우도 있을 것이며, 스쳐 가는 인연인지 알았으나 만나고 보니 평생의 인연으로 남는 경우도 있더라. 그러니 항상 사람을 만나 인연을 맺는 것을 신중히 생각해야 하는 반면 세상을 살아가며 만나는 모든 사람을 다 인연으로 삼으려 하지 말아야 한다. 진정한 인연과 스쳐 가는 인연을 잘 구분해서 맺고 좋은 인연을 부디 내 인생의 보석으로 만들기를 바란다. 내 인생의 좋은 우군友軍을 많이 만드는 것만큼 살아가며 큰 힘이 되는 것도 없다.

스쳐 가는 인연은 그냥 보내라.
살아가며 만나는 모든 사람이 다 인연은 아니다.

- **인맥**人脈

도움을 주고받을 수 있는 인간관계를 소위 인맥이라고 한다. 어디 가서 많은 사람을 안다고 함부로 자랑하지 말아야 한다. 내가 인맥이라고 말하는 사람이 사실은 모두 내 인맥이 아니다. 단지 얼굴만 아는 사이와 진정한 인맥은 구분되어야 한다. 언제든 부담 없이 연락할 수 있고 거짓 없는 반가운 마음으로 나를 반겨주는 것이 진정한 인맥이다. 진정한 인맥은 대부분의 사람이 망설일 만한 큰 부탁도 흔쾌히 들어줄 수 있는 사람이다. 늘 그러하지는 않겠지만 보편적으로 그러할 것이다. 만일 사소한 부탁조차 망설인다면 그저 얼굴만 아는 사람일 뿐이다. 인맥은 서로의 신뢰에서 우러나는 법이다. 신뢰가 최상의 인맥이다. 내가 그만한 사람이어야 상대도 나를 그만한 사람으로 생각한다.

많은 사람을 안다고 습관처럼 자랑하는 사람을 항상 조심해야 한다. 사람은 내가 내세울 것이 없으면 주위를 판다. 본인보다는 주위를 내세워 인맥 자랑을 하는 법이다. 많이 친하지도 않은 상대를 무척이나 친한 것처럼 자랑을 하지만 대부분 상대는 그렇게 생각하지 않는 경우가 많다. 누구를 안다고 자랑하기보다는 내가 먼저 자랑스러운 사람이 되는 것이 좋다. 내가 자랑스러운 사람이 되기 위해서는 사회적인 성공도 중요하지만 인품이 우선시 되어야 한다. 인품이 훌륭한 사람의 곁에는 좋은 인연이 머무르게 마련이다. 그러니 늘 스스로를 갈고닦아 좋은 인연이 곁에 머무를 수 있도록 해야 한다. 향기로운 꽃에는 벌과 나비가 끊이질 않는 법이다. 향기가 나는 사람이 되도록 노력해야 한다.

사람은 본디 남에게 옹졸하고 본인에게는 한없이 관대한 법이다. 나 자신과 결코 타협해서는 안 된다. 인생은 유한하다. 생각보다도 무척이나 짧은 것이 우리 인생이다. 짧은 인생 나의 족적을 남길 수 있도록 열심히 살아야 한다. 노는 것도 열심히, 일도 열심히 해야 한다. 또한 죽을 때까지 공부를 결코 게을리해서는 안 된다. 진정한 공부는 학교를 졸업하고부터 시작되는 법이다. 세상을 향한 공부와 스스로의 내면을 갈고닦는 공부를 게을리하지 않는다면 어느 순간부터 주위에서는 나를 자랑스럽게 생각할 것이다. 그렇게 내가 서서히 누군가의 인맥으로 만들어지는 것이다. 서서히 내가 중심으로 다가가는 것이다.

인맥을 자랑하지 말자.
늘 내 스스로가 주위의 좋은 인맥이 될 수 있도록 노력하는 것이 좋다.

5

살아있어도 안 보이면 죽은 것과 마찬가지다

옛사람이 이렇게 말했다. 죽은 자가 다시 살아서 돌아와도 능히 부끄러운 마음이 없어야 한다고. 내가 살아생전 다시 다산초당에 갈 수 없는 것은 또한 죽은 사람이나 매한가지다. 혹시 다시 간다 해도 부끄러운 빛이 없어야 할 것이다. 그러니 내가 거기서 너희와 함께 공부할 때처럼 너희가 지켜주면 고맙겠다. 내가 그곳에서 살았을 때처럼 말이다.

– 다산의 편지 中

관점을 바꾸면 그리 슬퍼할 일도 즐거울 일도 없다.

누군가 죽는다 하여 그리 슬퍼할 일도 없을 것이고 곁에 있다 하여 그리 즐거울 일도 없을 것이다. 나이가 들어가며 삶과 죽음에 대한 생각을 더 자주 더 많이 하게 된다. 그만큼 살아갈 날이 줄어드는 반면에 삶을 조금씩 더 알아간다는 의미이기도 하다. 물론 주위의 죽음과도 자주 마주하게 된다. 가족과 주변인들의 죽음을 접하며 슬픔과 위로와 비통함과 허무함을 함께 나누기도 한다. 죽음은 나와는 별개로 멀리 있는 것 같지만 사실은 늘 우리와 함께한다. 그만큼 살아가며 삶과 죽음에 대해 깊이 있는 생각을 해 볼 필요가 있다. 잘 살기 위해서 죽음을 생각해야 하고 잘 죽기 위해서는 삶을 고찰考察해야 할 필요가 있다. 그렇다고 너무 염세적인 사고를 하며 살아갈 필요는 없다.

가족이나 주위의 죽음을 접하며 창자가 끊어지는 듯한 고통을 느끼고 비통한 마음을 함께한다. 하지만 가만히 한번 바꾸어 생각해 보자. 이렇게 생각해 본다면 죽음을 받아들이는 우리의 자세가 조금은 의연해질지도 모르겠다. 이 세상에 내가 알고 지내는 사람이 많을까? 아니면 나와는 인연을 맺지 않고 사는, 즉 내가 모르고 지내는 사람이 더 많을까? 당연히 내가 모르고 살아가는 사람이 더 많을 것이다. 나에게 그들의 존재가 아무것도 아닌 것처럼 그들에게도 나라는 존재는 아무것도 아닐 것이다. 아니. 아무것도 아닌 존재가 아니라 세상에 존재하는지조차도 모르고 살아간다는 표현이 적당하다. 그럼 한 번 더 생각해보자. 내가 알고 지내는 사람들 중 평소에 연락을 하고 지내는 사람이 많을까? 아니면 연락을 하지 않고 지내는 사람이 많을까? 당연히 연락을 하지 않고 지내는 사람이 훨씬 더 많을 것이다. 핸드폰에 저장된 번호 중 일 년에 한 번도 연락을 하지 않고 지내는 사람이 더 많을 것이란 건 대부분의 사람이 공감하는 바이다.

먼 친척보다 가까운 이웃이 낫다는 말이 있다. 평생에 한 번 소식조차 전하지 않는 먼 곳의 친척보다야 가까이 살며 수시로 얼굴 마주치고 사소한 이야기라도 나누는 이웃을 더 가깝게 느끼는 것은 비단 나 혼자만의 생각이 아닐 것이다. 무소식이 희소식이라는 말로 스스로를 위안하며 서로의 안부를 묻지 않고 살아가는 인연이 참으로 많다. 연락을 하지 않고 지내면 살아있어도 죽은 것이나 다름없다. 생명이 태어나 한평생 살다가 생을 마감하는 것은 물이 흐르고 시간이 흐르는 것과 같이 자연스러운 세상의 이치이다. 그러니 우리가 세상을 살아가면서 알게 된 사람들과 멀어지거나 헤어지더라도 너무 슬퍼하거나 좌절할 필요가 없다. 최소한 어디선가 살아는 있는 것일 테니 말이다. 설령 생을 마감하였다 하더라도 슬픈 감정을 느끼는 것은 찰나일 뿐이다. 평소 보지 않고 살았으니 그만큼 내 삶에 영향을 미치는 일 또한 적기도 했을 것이다. 그와 내 삶의 연결고리가 끊어진 시간만큼 서로가 더 먼 남남이 되어갔던 것이다. 십 년에 한 번을 만나도 어제 본 것처럼 반가운 극소수의 친한 친구를 제외하고는 말이다.

나와 친하게 지내던 대학 선배가 한 명 있었다. 학교를 다닐 때 일 년 동안 기숙사에서 한방을 쓰며 우정을 쌓은 마치 친형과도 같은 좋은 선배였다. 하지만 학교를 졸업하고 난 뒤에는 일이 년에 한 번 정도 전화통화를 하며 안부를 물을 정도였다. 그마저도 결혼을 하고 사회생활을 시작하고 나니 더 뜸해져서 서로의 근황을 전하지도 않고 그저 그렇게 시간이 흘러갔다. 나의 첫 번째 책이 나오고 안부 문자메시지를 보냈는데 답이 없었다. 그리고 이틀쯤 지나니 그 선배의 전화번호로 그의 아들에게서 문자가 왔다.

> 〈부고〉
>
> 갑작스러운 부고에 당황하시겠지만 아버지께서 병환으로 돌아가셨습니다. 전화번호부에 있는 단체문자로 보내니 오해 없으시길 바랍니다.
>
> – 아들 이○○ 배상

그가 세상의 빛을 본 지 49년 만의 일이었다. 삶이 헛되고 또 헛되다는 생각이 들었다. 하지만 한편으로는 그의 생사도 확인하지 않고 살아왔던 지난 세월과 과연 무엇이 달라진 것인지 생각해 보지 않을 수가 없었다. 살아있어도 안 보이면 죽은 것과 마찬가지라는 말이 비로소 실감이 되었다. 그가 어딘가에 살아있을 때와 그가 세상을 떠난 후의 내 삶이 전혀 달라진 것이 없다는 생각이 들 때 '마음의 거리'와 '물리적 거리'에 대해 생각해보게 되었다. 그러니 세상을 살아가며 사람을 너무 미워할 필요도 없다. 그저 지금 내 눈에 안 보이고 가뭄에 콩 나듯 본다면 살아있어도 죽은 것과 다를 바가 없다. 자주 만나고 가까이 보이는 살아있는 인연에 더 잘하면 된다.

상대의 육신이 죽고 사는 것과는 상관없이 그저 내 눈에서 멀어져 보이지 않거나 내 마음속에서 죽은 사람이면 죽은 것이다. 이와는 반대로 육신이 죽었더라도 내 마음속에 살아있는 사람이라면 영원히 나와 함께 살아있는 것이다. 죽지 않고 그저 멀리 있다고 생각하면 될 테니 말이다. 그렇게 관점을 바꾸면 세상을 살아가며 그리 슬퍼할 일도 즐거울 일도 없을 것이다. 그러니 부디 지금부터라도 가까이 있는 인연에게 더 충실하고 가까이 두기 힘든 버거운 인연이라면 멀리 두어 내 삶의 기회비용을 잘 활용하며 좋은 인연을 선별하며 살아가기를 바란다.

살아있어도 안 보이면 죽은 것과 마찬가지다.
나는 과연 누구의 기억 속에서 죽은 것과 마찬가지일까?

6

부고(訃告)를 알릴 때는 신중을 기해야 한다

무덤에 묻힌 이여. 그대가 능히 이 술을 마실 수 있겠는가. 그대가 예전 세상에 있을 적에 재물을 모으느라 눈썹을 치켜뜨고 눈을 부라리며 수고로이 애쓰면서 오직 이것을 굳게 움켜쥐려고만 했겠지. 그래. 대단했겠지. 또한 따스하고 나긋나긋한 곳만 찾고 부드럽고 따뜻한 집에서 지내느라 천지간에 달리 무슨 일이 있는지조차 몰랐겠지. 또한 가세를 빙자하여 오만스레 행동하고 남을 우습게 알며 불쌍한 사람 앞에 으르렁거려 스스로를 높이지는 않았던가? 세상을 떠날 적에는 빈손으로 가는 것인데, 그대가 손에 동전 한 닢이라도 가져갔던가? 지금 그대 부부가 한데 묻혔다고 해서 능히 평소처럼 즐겁기는 한가? 내 이제 그대를 이처럼 곤경에 빠뜨려도 그대가 능히 큰 소리로 나를 꾸짖을 수 있겠는가? / 남편의 죽음은 집안의 불행이다. 시부모가 늙었는데 봉양할 사람이 없고, 여러 자녀들이 어린데도 젖 먹여 기를 사람이 없더라도 죽은 자의 아내 된 사람은 마땅히 슬픔을 참고 억지로라도 살아서 봉양할 사람이 없는 시부모를 힘써 봉양하다가 그가 죽거든 장사하고 제사 지내며, 아래로 양육할 사람이 없는 자녀들을 양육하여 자라나거든 혼례를 시켜 시집보내고 장가들이는 것이 옳은 일이다. 하루아침에 모질게도 스스로 제 마음속에 작정하기를, '남편 한 사람이 죽었으니 나한테 시부모 될 사람도 없고, 남편 한 사람이 죽었으니 나한테 자식도 없다' 하여 횃대에 스스로 목을 매어 돌아보지도 않는다면, 이와 같은 사람이 어찌 모질고 잔인하지 않으며 크게 불효하고 크게 무자비한 사람이 아니겠는가.

— 다산의 편지 中

가깝지도 멀지도 않은 사이일수록 더욱 신중해야 한다. 조부모와 부모의 상을 치르며 우리는 한결 성숙해진다. 비로소 조금씩 어른이 되어가는 과정을 거친다. 그리고 장례문화에 대해서 조금씩 알아간다. 누구나 장례葬禮는 처음 겪는 일이고 인생을 통틀어 얼마 일어나지 않는 일이라 마주할 때마다 생소하고 당황스럽다.

지난달에 장인어른이 돌아가셨다. 코로나로 응급실에 가신 지 정확히 20일 만의 일이다. 부고 소식을 누구에게까지 연락을 해야 하나 망설일 필요도 없었다. 연락을 하지 않으면 서운해할 평소 가까운 지인들에게만 연락을 했다. 직접 부고를 알린 지인들은 방문을 해주신 분들도 있고 멀리서 조의금만 보내신 분들도 있다. 혹시 알리지 않아서 서운해할 분들이 있을지도 몰라서 SNS에 부고를 올렸다. 부담을 주지 않기 위해서 인물을 특정하지 않고 모두가 볼 수 있는 공간에 글을 남긴 것이다. 만일 SNS를 통해 소식을 접했더라도 마음이 없는 경우에는 "미처 보지 못해서 몰랐다."는 핑곗거리라도 있으니 상대의 마음을 조금 편안하게 해주려는 심산이었다. 고마운 것은 SNS를 통해 간접적으로 소식을 접한 후 조의금을 보내며 연락을 한 분들이다. 예상치 못한 분들의 연락을 받고 그 분들의 마음을 느낄 수 있었다.

경조사 같은 큰일을 겪고 나면 인간관계를 재정립하게 된다. 고마운 사람과 서운한 사람이 극명하게 나뉜다. 사람이라 충분히 그럴 수 있다. 그런데 부고를 알리는 것이 예의인 사람이 있고 알리지 않는 것이 오히려 예의인 사람이 있다. 일면식만 있는 사이에 부고 소식을 알리는 것은 상당히 실례되는 일이다. 학교를 졸업한 후 수십 년 동안 연락이 없던 동창이 어느 날 경조사 소식을 보내온다면 이는 황당함을 넘어서 괘씸한 마음이 든다. 주위의 오지랖 넓은 인물이 소식을 알리는 일도 삼가야겠지만 본인이 직접 소식을 전하는 일은 더더욱 신중을 기해야 한다.

알리지 말아야 할 상대에게 경조사를 알리는 것은 회신을 하지 않은 사람의 잘못이 아니라 알린 사람의 잘못이다. 그로 인해 서운함을 느끼고 인간관계를 정리해야겠다는 생각이 들 수도 있다. 하지만 그런 생각은 예의 없는 연락을 받은 상대가 나보다 먼저 할 수도 있다고 생각하는 것이 좋다. 경조사를 알리는 것을 상대를 테스트하는 수단으로 삼아서는 안 된다. 연락처에 있는 모두에게 연락을 한 후 부조扶助를 하면 좋고 안 하면 그만이라는 생각을 해서는 안 된다. 꼭 필요한 사람에게만 연락하고 그렇지 않은 상대라면 넘겨야 한다. 차라리 알리지 않아서 서운한 것이 낫다. 나중에 알게 되더라도 내가 상대를 위하는 마음에서 그리했다고 이해한다면 이내 섭섭함은 사그라진다. 하지만 알리지 않아야 할 상대에게 알려서 실례를 범한다면 이는 상대에게 속물처럼 비쳐 인간관계 단절로 이어질 수 있다. 알리지 않아서 조금 섭섭하고 마는 것이 낫지 굳이 알려서 염치없다는 소리를 들을 필요가 없다.

그런 사람이야 있겠냐마는 내 가족의 죽음을 결코 돈벌이의 수단으로 삼으면 안 된다. 경조사에 부조금을 내는 것이 일종의 품앗이 문화로 자리하고 있다. 내가 경조사를 빠지지 않고 다녔으면 그것으로 그쳐야 한다. 상대도 오면 고마운 일이나 오지 않아도 그뿐이다. 마음이 거기까지인데 그것을 어찌하겠는가. 뿌린 만큼 거둔다는 마음을 거둬야 한다. 가서 식사 한 끼 하는 비용이라 생각하는 것이 정신건강에 좋다. 오랜만에 얼굴 보고 인사 나눈다는 생각으로 가는 것이 좋다. 물론 예의가 있는 사람이라면 왔으면 당연히 가고, 갔으면 당연히 와야 하는 것이겠지만 세상에 당연한 것 또한 없다. 그러니 애초에 연락을 해야 할 상대와 그렇지 않을 상대를 신중하게 따져볼 필요가 있다. 부조금 모아서 부자 되는 사람 못 봤다.

경조사에 손님이 얼마나 오는가를 보고 상주가 평소 얼마나 잘 살았는지 그의 사회생활을 평가할 수 있는 기준이 된다고 한다. 나처럼 사람을 절제하며 가려서 만나는 사람의 경조사에 온다면 평소 잘못 살았다고 할지도 모르겠다.

'정승 집의 개가 죽으면 문지방이 닳아 없어지도록 문상객들이 문전성시를 이루지만 정승이 죽으면 개미 한 마리 얼씬하지 않는다.'는 말이 있다. 내 장례식에 과연 누가 올지를 생각해보자. 평소 마음을 나눈 이들 몇몇이 참석해준다면 그야말로 진정 잘 살았다고 말할 수 있는 인생이 아닐까.

부고를 알릴 때는 신중을 기하자.

「하늘소풍」

좋은삶 부여받아 세상에 태어나서
부모의 사랑속에 나날이 행복했네
사내로 성장하여 당신을 만나고서
세상의 모든행복 한없이 느꼈었네

소중한 아이들을 낳아서 기르면서
꽃같은 젊은시절 우리가 함께하니
자식은 성장하여 하나둘 떠나가고
어느새 남은것은 또다시 당신과나

지나온 시간들을 추억속 그날들을
돌이켜 생각하니 후회만 남는구려
못해본 그한마디 당신께 고맙구려
지금껏 함께해줘 고맙네 이사람아

세월의 흔적따라 하나둘 늘어나는
당신의 주름살을 무심코 쳐다보니
이못난 나를만나 고생만 시킨듯해
참말로 미안하오 미안해 어이할꼬

좋은건 기억하고 나쁜건 잊으시게
내잘못 용서하고 남은생 행복하소
나먼저 하늘소풍 떠나가 있을테니
당신은 좋은세상 천천히 놀다오게

이세상 모든행복 이세상 모든기쁨
천천히 누리면서 즐기다 오시게나

고맙고 미안하오 한평생 함께해줘

먼훗날 다시보세 못난날 용서하오

이천이십이년시월첫날 하늘소풍을 시작하면서…

– 장인어른을 기억하며 쓴 추모시(追慕詩)

7
신뢰는 후불이다

임금을 섬길 때는 임금의 존경을 받아야지 임금의 총애를 받는 사람이 되는 건 중요하지 않다. 또 임금의 신뢰를 받는 게 중요하지 임금을 기쁘게 해주는 사람이 되는 게 중요하지 않다. 집에 있을 때는 오로지 독서하고 예의범절을 익혀라. 꽃을 심고 채소를 가꾸며, 냇물을 끌어다 연못을 만들고 돌을 모아 동산을 쌓아 선비 생활을 즐기는 것이다. 가끔 시골의 외직으로 나갈 때는 자애롭고 어질게 하는 것은 물론이거니와 청렴결백하도록 힘써서 아전들이나 백성 모두가 편하도록 해야 한다. 나라가 큰 난리를 당했을 때는 쉽건 어렵건 꺼리지 말며 죽음을 무릅쓰고 절개를 지키도록 해야 한다. 이렇게 하는 사람을 나라님이 어찌 존경하지 않을 수 있겠는가. 이미 존경한다면 어찌 신뢰하지 않을 수 있겠는가. / 아버지가 자식에게 자애롭지 않다고 해서 자식이 아버지를 원망하면 될까? 그러면 안 된다. 하지만 자식이 해야 할 효를 극진히 다하는데도 부모가 자애롭지 않고, 마치 고수가 아들 순임금에게 했던 것처럼 자식을 해칠 생각을 품는다면 자식은 부모를 원망해도 된다.

– 다산의 편지 中

- 신뢰는 후불이다

믿음을 당겨쓸 수 있는 법은 없다.

세상을 살아가며 만나는 다양한 인연들도 그러하거니와 연인관계와 부부관계도 다를 바가 없다. 이는 부모 자식 간에도 마찬가지다. 신뢰를 미리 당겨쓸 수 있다면 얼마나 좋겠냐마는 세상사가 그렇지 않다. 한 줌의 모래가 쌓여 태산이 되고 낙숫물이 떨어져 주춧돌을 뚫는 것처럼 무언가를 쌓기 위해서는 그만한 노력이 동반되어야 한다. 내가 무언가를 이루고자 할 때 실력도 그러하지만 인간관계에서 가장 중요하다고 할 수 있는 신뢰 또한 마찬가지다. 이는 끊임없는 자기 관리와 노력이 동반되어야 한다. 옛 어른들이 우리에게 남긴 교훈을 떠올려보자. 그 말들을 고리타분하고 그저 그런 말로 넘겨버리기 쉽다. 하지만 사실 그 속에 삶의 기본이 되는 모든 진리가 들어있다. 시간이 흐를수록 살아가면서 기본에 충실해야겠다는 생각을 거듭해서 한다.

자식을 키울 때도 늘 웃으면서 키울 수만은 없다. 때로는 칭찬도 하고 야단도 치며 올바른 길로 안내하는 것이 부모의 역할이다. 당근과 채찍을 적시 적소에 잘 주어 자녀가 올바른 가치관을 가지고 살아갈 수 있도록 현명한 양육을 해야 한다. 아이들이 부모에게 혼이 났을 때 그 상황을 모면하려고 쉽게 내뱉는 말이 있다. "앞으로 잘할게요. 믿어주세요. 한 번만 봐주세요."와 같은 말이다. 그때 부모는 당연히 자녀의 잘못을 용서하고 사랑과 인내로 그 상황을 넘겨야 할 것이다. 하지만 이렇게 한마디 덧붙여도 좋겠다.

"사랑하는 아들딸아. 신뢰는 후불이다. 믿음을 당겨쓸 수 있는 방법은 없다. 그러니 앞으로는 생활 속에서 너희의 신뢰가 쌓이게끔 노력을 먼저 하도록 해라."

이는 비단 부모 자식 간의 문제만이 아닐 것이다. 부모라고 하여 함부로 행동하고 평소 생활을 엉망으로 한다면 그 또한 자식에게 신뢰를 주기는커녕 조언 한마디 하기조차 힘들 것이니 말이다. 윗물이 맑아야 아랫물이 맑은 것처럼 부모도 자식도 서로에게 믿음을 주어야 하고 그렇게 노력하며 살아가야 하는 것은 당연한 이치다. 내가 부모라고 하여 생활 습관과 언행을 함부로 하여 자식에게 신뢰를 잃는다면 그것을 보고 자라는 자식이 부모를 못 믿는 것은 당연한 일이다. 세상에서 가장 무서운 것이 자식의 눈이다. 자식에게 떳떳한 부모로 살고 싶다면 이를 꼭 명심하기를 바란다.

다양한 사람을 만나다 보면 유독 실수를 많이 하고 믿음이 가지 않는 사람이 있을 것이다. 그런 사람에게는 당연히 신뢰가 가지 않는다. 이는 입장을 바꾸어 생각해보아도 마찬가지다. 사람은 사계절을 만나보아야 안다고 했다. 사계절을 만났는데도 믿음이 가지 않는 사람은 거리를 두는 것이 좋다. 열두 달 동안 믿음을 주지 못한 상대가 한순간에 바뀔 리는 만무할 테니 말이다. 신용이 있는 사람은 애초에 몇 번만 만나보아도 알 수 있는 법이다. 신뢰를 쌓는 것은 그토록 오랜 시간이 걸리지만 신뢰를 잃는 것은 한순간이다. 그러니 우선은 상대에게 신뢰를 주기 위해 꾸준히 노력해야 할 것이다. 그렇게 쌓인 신뢰를 한순간에 잃지 않도록 잘 유지해 나가야 한다.

이는 평소에 나 자신과의 약속을 잘 지키는 것으로부터 습관을 만들어 나갈 수 있다. 사람은 누구나 본인에게는 관대하고 타인에게는 옹졸한 법이다. 내가 무언가를 하고자 했으면 스스로와의 약속을 잘 지키기 위해 노력하는 것이 좋다. 그런 습관을 꾸준히 반복하여 내 생활로 만든다면 굳이 타인에게 신뢰를 주기 위해 따로 노력하지 않아도 괜찮다. 자기 자신과의 약속을 잘 지키는 사람이 타인에게 신뢰를 주기는 그만큼 쉬운 일이다. 그러니 평소 나에게 관대하게 대해서는 안 된다. 가끔은 나를 타자他者, Other people로 생각하고 스스로와의 신뢰를 쌓아간다는 생각으로 세상을 살아가는 것이 좋다. 그러면 억지로 노력하지 않아도 다른 사람에게 그만한 신뢰를 줄 수 있을 것이다. 늘 나를 돌아보고 스스로에게 엄격하게 생활하는 자세가 필요하다.

믿음을 당겨쓸 수 있는 법은 없다. 결코 편법은 없다. 꾸준히 신뢰를 쌓는 수밖에 없다. 그것만이 상대에게 신뢰를 줄 수 있는 가장 좋은 방법이다. 그렇게 얻은 신뢰는 내 인생의 큰 밑거름이 될 것이다.

- 약속 장소에 일찍 나가라

약속 장소에는 10분 일찍 나가자. 지각은 습관이고 습관이 사람을 만든다.

그런 습관이 타인이 나를 평가하는 기준이 된다. 학창시절에도 학교에서 가장 가까이 사는 친구들이 매번 지각을 한다. 멀다면 애당초 일찍 나가니 지각을 하지 않는데, 가까우니 금방 간다는 생각으로 느긋하게 움직이면 지각을 밥 먹듯이 할 수밖에 없다.

약속 장소에는 늘 10분 이상 일찍 나가고 도착하면 일단 화장실을 제일 먼저 들르자. 옷매무새도 다시 한번 확인하고 얼굴과 머리도 이상이 없는지 거울을 보며 단정하게 확인하는 습관을 가지는 것이 좋다. 그런 깔끔한 모습으로 사람을 만나면 상대도 기분이 좋고 나에 대한 인상도 좋아질 것은 두말할 필요가 없다. 이것은 상대에 대한 기본적인 에티켓이자 자기관리의 기본이라고도 할 수 있으니 이를 꼭 기억하자. 혹시라도 약속 장소에 늦거나 아니면 시간을 딱 맞춰서 허둥지둥 달려와 자리에 앉으면 너그럽게 이해하는 사람도 있다. 그러나 먼저 도착하여 깔끔하게 정돈된 모습으로 차분히 책을 읽으며 기다리는 내 모습을 보여주는 것과는 천양지차天壤之差일 것이다. 상대에 대한 예의이기도 하지만 자기관리 차원에서도 가급적 약속에 늦는 일이 없어야 할 것이다.

마찬가지로 늘 약속 시간에 늦는 사람을 눈여겨보자. 사소한 약속을 지키지 못하는 사람과는 큰 약속을 도모하기가 어려운 법이다. 이는 시간 약속을 통해서 쉽게 알 수 있다. 실수를 자주 하면 실력이 된다. 가급적 실수를 줄이고 신뢰를 늘리자. 그런 사소한 것들로부터 쌓인 신뢰가 나중의 큰일을 도모할 수 있게 한다. 실수는 적게 하는 편이 좋고 신뢰는 많이 쌓는 편이 좋다. 그렇게 쌓인 신뢰로 살아가며 우군友軍을 많이 만들자. 세상을 살아가며 주위에 내 편이 많을수록 좋은 것은 당연한 이치다. 시간 약속을 잘 지켜 많은 이들에게 신뢰를 얻으며 살아가기를 바란다. 어렵다고 하면 어렵겠지만 애초에 시간을 조금만 서두르면 되니 쉽다면 쉬운 축에 들 것이다. 딱 이 한 가지만 명심하면 된다.

내 시간이 중요하면 상대의 시간도 중요하다.
약속 장소에는 항상 10분 일찍 나가는 습관을 갖자.

8
삶의 질은 의식 수준이 좌우한다

밖에서 보면 아무것도 안 보이지만, 마을 어귀를 돌아들면 갑자기 시원스레 시야가 열리는 곳, 이런 곳이 바로 복지(福地)다. 산과 물이 어우러지되 시냇물을 낀 산기슭이 더 좋다. 그곳의 혈이 맺힌 곳에 정남향으로 터를 잡는다. 서너 칸 집을 정갈하게 도배하고 단출하게 꾸며놓고, 일상생활에 필요한 실용서와 삶의 운치를 더해줄 예술서, 그리고 인생의 정리를 담은 각종 시집들을 구비해둔다. 향을 피워 정신을 맑게 하고, 화초를 가꿔 마음을 깨끗이 한다. 국화를 특히 아껴 온갖 잎이 시든 뒤에야 꽃을 피우는 그 매운 향기를 본받고자 한다. 나는 이런 삶을 늘 꿈꾸어왔다.

– 다산의 편지 中

가급적 높은 의식 수준을 가질 수 있도록 노력해야 한다.

흔히들 배부른 돼지가 될 것인지 배고픈 소크라테스가 될 것인지 묻는다. 늘 듣는 소리는 사람들이 배부른 소크라테스라는 선택지는 없냐고 물어본다는 것이다. 너무 뻔한 질문이다. 그런 좋은 선택지가 있다면 누구나 배부른 소크라테스를 선택하겠지만 아쉽게도 없다. 요즘 시대에 배부른 돼지와 배고픈 소크라테스 둘 중 하나만 선택해보라는 선택지가 타당하지 않을지도 모른다. 그런데 왜 그런 선택지를 내어놓았는지를 생각해 볼 필요가 있다.

의식이란 깨어 있는 상태에서 자기 자신이나 사물에 대하여 인식하는 작용을 말한다. 깨어 있다는 것은 잠들지 않은 시간이다. 즉, 일상생활을 할 때 정신과 몸이 모두 깨어 있는 것이 그것이다. 밤에 잠든 시간을 깨어 있지 않은 상태라고 치자. 몸은 잠들어 있지만 정신이 깨어 있거나 또는 정신이 깨어 있는 것까지는 아니더라도 내가 자각하지 못하는 상태에 있는 것은 빼자. 그것까지 생각한다면 너무 깊게 들어갈 수도 있다. 그러니 일단은 그런 일련의 무의식 상태를 깨어 있지 않은 상태라고 하자. 그럼 과연 우리는 깨어 있는 동안 어떤 생각을 하며 살아가야 할까?

의식 수준이 높아지려면 학습을 해야 한다. 학습을 통해 생각이 이루어져야 한다. 깊은 생각이면 더 좋다. 깊은 생각은 어디에서 나올까? 전두엽이다. 한마디로 의식 수준이 높아지려면 우리의 뇌 기능 중 인생을 지배하는 뇌인 전두엽을 발달시켜야 한다. 시각을 통해 후두엽에서 정보를 받아들이는 것이 1단계다. 이후 2단계에서 정리를 한 후 3단계로 표출이 되어야 한다. 전두엽에서 정리와 표출, 즉 2~3단계를 처리한다. 컴퓨터, TV, 스마트폰을 사용하고 있으면 전두엽의 활동이 급격하게 떨어진다. 받아들이기만 하면 되니 생각할 필요가 없다. 정확히 말하자면 그 순간의 뇌는 정지상태와 비슷하다.

여기 TV를 보는 한 여성이 있다. 눈으로 화면을 열심히 받아들이고 있던 중 TV 내용에 관해 잠시 생각을 한다. 그 순간 드라마의 장면이 순식간에 지나가버린다. 잠시 딴 생각을 했을 뿐인데, 중요한 장면을 놓쳤다. 화면을 되돌릴 수 없으니 무척이나 아쉽지만 지금부터 한 장면도 놓치지 않기 위해서 TV에 더 집중을 한다. 다른 한 남성은 컴퓨터 게임을 하고 있다. 총으로 상대방을 죽이는 게임을 하는데 잠시 생각을 하는 찰나 게임 캐릭터가 죽어버렸다. 정말 순식간이었는데, 너무 아쉽다. 다음 판은 꼭 이기기 위해서 더욱 집중을 한다.

이런 것들이 바로 지금 우리 주변에서 일어나고 있는 상황들이다. 미처 무언가를 정리하고 표출할 시간이 없다. 전두엽을 사용할 시간이 이토록 부족하다. 일방적으로 후두엽에서 정보를 받아들인 후 즉각적이고 반사적으로 반응을 할 뿐이다. 실제로는 무언가를 머릿속에 집어넣고 있다고 착각하고 있지만 이는 정말 크나큰 착각이다. 실질적으로 정리하고 표출하는 과정이 이루어지지 않으니 학습이 되지 않는다.

특히 아동 시기(0~10세)는 뇌가 신경망을 형성해야 하는 시기다. 사용하는 신경망들을 하나둘 만들어 나가야 하는 시기다. 그런데 여기서 무서운 일이 발생한다. 신경망들을 만들어가지 않으면 반대로 '시냅스 가지치기'라는 작용이 이루어진다. 사용하지 않는 신경망들을 필요 없다고 인식해 가지치기로 없애버리는 것이다. 그렇게 한번 없어진 신경망들은 복구가 거의 불가능하다. 신경망이 만들어지지 않는 거야 그렇다고 칠 수 있다. 그런데 신경망이 사라지고 복구가 안 된다니 이게 무슨 말인가? 그것이 바로 청소년기까지(특히 10세 이하) 디지털 기기의 사용을 '특히' 자제해야 하는 가장 큰 이유다. 그런데 과연, 청소년에게만 치명적이고 성인은 괜찮을까? 당연히 괜찮을 리가 없다. 그러니 자자손손 대를 이어가며 더욱 더 어리석어지고 싶지 않다면 전두엽을 적당히 굴리며 살아가야 한다. 원초적 본능에만 이끌려서는 안 된다.

우리가 살아가는 행하는 모든 행위는 의식 수준에 따라 그 표현방식이 달라진다. 의식을 조금만 확대하면 인생이 어떻게 달라지는지 생각해 볼 필요가 있다. 아마 정말 많은 것이 바뀔 것이다. 인간관계, 건강, 재산이 바뀌고 더 흥미로운 일들이 생길 것이다. 의식은 계속해서 변하고 더 넓어진다. 하지만 그 이면에는 노력이 뒷받침되어야 한다. 의식을 계속해서 변화시키고 넓히고 싶다면 꾸준히 노력해야 한다. 책을 읽고 강의를 듣고 사색을 할 때마다 나의 의식이 더 넓어지고 크게 변화된다. 더불어 나의 세계가 함께 변한다. 사람은 보통 있는 그대로 의식하고 싶어 한다. 하지만 내가 정말 하고 싶은 것이 무엇인지 생각해보자. 의식을 통제하면 우리 삶을 어떻게 통제할 수 있는지 알 수 있다.

스마트폰을 만드는 데 100원이 든다고 치자. 그중 30원은 부품비로 사용된다. 그 부품을 중국이나 인도의 조립공장에서 조립하는 비용이 5원이 든다. 그럼 본사에서는 얼마를 가져갈까? 65원을 가져간다. 이 65원이라는 비용은 디자인 비용이다. 디자인, 창조, 연구개발Research and development이라는 명목으로 가져가는 것이다. 폰의 뒷면을 보면 'Designed by Apple in California Assembled in China(애플이 디자인하고 중국에서 조립했다)' 라고 나와 있다. 이 말은 바꾸어 말하면 전두엽을 사용한 비용으로 나는 65원을 가져가겠다는 것이다. 그리고 조립업체에서는 손을 사용한 비용, 즉 시키는 것을 한 비용으로 5원을 가져간다는 것이다.

자, 그럼 이 대목에서 한번 생각해보자. 창의적 사고를 하며 65원을 버는 일을 하며 살고 싶은지, 남이 시키는 일을 하며 5원을 벌어들이는 일을 하고 싶은지를 말이다.

스티브 잡스가 살아생전에 기자와 인터뷰를 했는데, 인터뷰의 마지막에 기자가 질문을 했다. "아이들이 아이패드를 좋아하겠네요." 그러자 잡스가 이렇게 대답을 했다. "글쎄요. 아이들이 그걸 사용해 본 적이 없거든요." 전 세계 사람들이 시대의 혁명이라 추앙하는 아이폰과 아이패드의 창시자인 잡스는 왜 모든 사람들이 스마트 기기를 사용하게 만들었으면서도 정작 본인의 아이들에게는 디지털 기기 사용을 제한시켰을까?

마찬가지로 페이스북을 만든 마크 저커버그는 온 인류가 페이스북을 사용하게 만들어 놓고 정작 본인은 독서에 빠져 산다. 왜 그런지를 한번 생각해 볼 필요가 있다.

실리콘밸리에는 1년 등록금이 2천만 원이 넘는 발도르프 초등학교가 있다. 이 학교에 자녀를 보내는 부모들의 70% 이상이 마이크로소프트, 구글, 애플의 3사 직원이다. 중요한 것은 이 학교 아이들의 90% 이상이 구글 검색으로 숙제를 해 본 적이 없다는 것이다. 이유가 무엇인지 생각해 보자. 본인의 자녀들이 누군가가 시켜서 일하는 5원짜리 직원이 되기를 원하지 않아서가 아닐까? 전두엽을 사용하지 않고 살아가는 대가는 생각보다 크다. 특히 아이들에게는….

과연 인간의 본질은 뭘까? 인간이 추구해야 할 가치는 물질이 아니라 정신이라는 것에 대해서 당신은 어떻게 생각하는가? 그 정신이라는 것이 어떤 식으로 발전되어야 하고 그렇게 생성된 높은 의식 수준이 어떻게 우리의 미래를 바꾸어 놓을지 깊이 생각해보는 시간을 가지면 좋겠다.

삶의 질은 의식 수준이 좌우한다.

높은 의식 수준을 가질 수 있도록 끊임없이 노력해야 한다. 의식 수준을 높여 삶의 질 또한 높일 수 있도록 하자.

9
공감 능력을 키우도록 하여라

예나 지금이나 남의 도움만을 받으면서 살라는 법은 애초에 없다. 마음속으로 남의 은혜를 받고자 하는 생각을 버린다면 마음이 저절로 평안하고 기분이 화평스러워져 하늘을 저주한다거나 사람을 원망하는 그런 병폐는 없어져 버릴 것이다. 여러 날 밥을 끓이지 못하고 있는 집이 있을 텐데 너희는 쌀이라도 퍼다가 추운 집에는 장작개비라도 나누어 따뜻하게 해주고, 병들어 약 먹어야 할 사람들에겐 한 푼의 돈이라고 쪼개서 약을 지어 일어날 수 있도록 도와주고, 가난하고 외로운 노인이 있는 집에는 때때로 찾아가 무릎 꿇고 모시어 따뜻하고 공손한 마음으로 공경하여야 하고, 근심 걱정에 싸여 있는 집에 가서는 연민의 눈빛으로 그 고통을 함께 나누며 잘 처리할 방법을 함께 의논해야 되는 것이다. / 군자는 들고 나는 일을 잘

해야 한다. 뻗을 자리가 아닌데 뻗치고 앉았거나, 길이 아닌데 눈 감고 외면해서는 안 된다. 세상이 나를 알아주지 않으면 고요히 몸을 자연에 내맡기고 내면으로 침잠할 뿐 남을 원망하지 않는다. 나가야 할 때 나가고 들어야 할 때 들 뿐 순서를 뒤집지 않는다. 소인은 늘 반대로 한다. 잘되면 제가 잘나서 그런 줄 알고, 잘못되면 남 탓만 한다. 알량한 재주를 천하게 써서 남의 업신여김을 달게 받으면서도 부끄러운 줄을 모른다. 출세를 위해서라면 못할 짓이 없다. 미끼에 낚이기 전에 차라리 물러나 고기를 낚아라. 불의로 권세에 빌붙느니 차라리 강호에 숨어라.

– 다산의 편지 中

공감은 지능이라는 말이 있다. 스탠퍼드대학교의 심리학 교수인 자밀 자키의 『공감은 지능이다』라는 책이 있다. 신경과학의 최신 연구를 바탕으로 '공감'이라는 능력이 타고나는 것이 아니라 연습을 통해 키우고, 목적과 필요에 따라 높이거나 낮출 수 있는 기술임을 밝힌 책이다. 세상을 살아가며 많은 사람을 만나게 된다. 그중 유독 공감 능력이 뛰어난 사람도 볼 수 있지만 아무리 해도 공감을 하지 못하는 사람도 만날 수 있다. 똑같은 환경에서 자란 형제도 누구는 공감 능력이 뛰어난데, 누구는 타인의 감정과 말에 공감을 하지 못하기도 한다. 물론 부모를 포함한 주위의 사랑과 관심을 더 받거나 덜 받고 자라서 그런 차이가 나타날 수도 있지만 개개인의 지능에 따라 나타나는 현상일 수도 있다.

그렇다고 하여 지능이 뛰어난 사람만이 공감 능력이 뛰어나다고 할 수도 없다. 주위를 둘러보면 공부는 잘하지만 유독 공감 능력이 떨어지는 사람들도 흔하게 볼 수 있으니 말이다. 공감은 개인의 타고난 성향으로 자리 잡는다고 할 수 있지만 연습에 의해서 길러질 수도 있다. 사람들은 내가 무엇을 하든 간에 본인과 다른 점에 우선 주목한다. 그래서 내 장점을 봐주고 나를 인정해주는 사람을 평소에 귀하게 대해야 한다. 나에게 공감해주는 사람 역시 마찬가지다. 살아가며 내 말에 공감해주는 사람에게 마음이 한 번 더 가는 것은 인지상정이다. 내가 그렇게 느낀다면 타인도 마찬가지다. 공감받기 위해서는 먼저 공감을 해주어야 한다. 그러니 늘 타인의 말에 귀를 기울이고 공감하는 습관을 가지는 것이 좋겠다.

우리가 사람을 만나는 기준을 크게 세 가지 정도로 나누어 생각해 보자. 첫 번째가 물질적인 도움이 되는 사람이다. 두 번째는 정신적인 도움이 되는 사람이다. 마지막 세 번째는 업무적으로 만나는 사람이다. 첫 번째와 두 번째는 내가 필요에 의해서 만나는 사람이다. 하지만 세 번째는 비즈니스 때문에 만나는 인연이니 크게는 첫 번째와 두 번째만 생각해도 무리가 없겠다.

사람은 누구나 나에게 도움이 되는 사람을 만나길 원한다. 그러니 만날 때마다 본인의 돈을 쓰고 부탁을 들어주는 호인은 만나기 힘들 것이다. 호인好人이라 쓰고 호구虎口라 읽힌다. 시간은 한정되어 있으니 사람도 가려서 만나야 할 필요가 있다. 또한 상대가 금전적인 도움이 되지는 않더라도 정신적(정서적)인 도움이 된다면 기꺼이 만날 수 있다. 아마도 금전적인 가치보다 더한 것을 얻을 수 있으니 소중한 인연이 될 확률이 높다. 물론 서로 주고받는 상호작용相互作用이 되어야지 이 또한 일방적이기만 한 만남이라면 오래가지 못한다. 업무적으로 만나는 사람은 앞의 두 가지를 배제排除하고 서로의 필요에 의해서 만나는 것이니 언급을 생략하겠다.

이 세 가지 중 무엇이 되었건 대화를 나누는 데 있어서 서로의 말에 공감을 해준다면 그것보다 즐거운 만남은 없을 것이다. 반대로 공감 능력이 떨어지는 상대를 만나서 대화를 나누다 보면 쉽게 피로해진다. 세 가지 경우의 만남이 공감 능력이 좋은 사람과의 만남이라면 무엇이 되었건 그 이상의 일을 생각해 볼 수도 있을 것이다. 그러나 그 반대라면 회의감懷疑感이 들어 지금 만나는 목적마저도 퇴색될 수 있다. 그러니 우선은 나 스스로가 먼저 공감 능력을 키워 상대의 말과 행동에 잘 대응하는 것이 좋다. 서로의 만남이 공감이 가득한 시간으로 형성된다면 서로의 신뢰도 자연스레 쌓이게 될 것이니 말이다.

축구 이야기를 하는데, 고개를 돌리고 옆 사람과 다른 이야기를 하는 사람.

교육 이야기를 하는데, 갑자기 핸드폰을 시작하는 사람.

날씨 이야기를 하는데, 양해도 없이 벌떡 일어나 화장실을 가는 사람.

공감 능력이 떨어지는 사람들의 특징은 상대와 시선을 잘 못 마주친다. 눈동자가 계속 왔다갔다 움직인다. 지루해한다. 반면에 공감 능력이 뛰어난 사람들은 상대와 대화할 때 눈을 응시한다. 메모를 한다. 고개를 끄덕이며 화답하고 본인 의견을 말한다. 대화를 재밌어한다. 모두 그런 것은 아니지만 대부분 그런 경우가 많다.

친구 간에도 이성 간에도 가족 간에도 마찬가지다. 가장 큰 상처는 가장 가까운 이에게서 받는 것이다. 공감은 상대에게 상처가 아니라 따스함을 선사할 수 있는 가장 좋은 방법이자 멋진 선물이다. 공감 능력이 떨어지는 사람이 생각보다 참으로 많다. 가장 가까운 이와 대화를 나누며 공감하는 연습을 해 보자. 그렇게 나의 좋은 습관으로 굳어지도록 만들어보자.

공감은 지능이라는 말이 있다.

공감 능력을 키워 상대의 마음을 다독여 주자. 또한 나도 그런 사람을 만나도록 노력하자.

10
타인의 단점보다 장점을 보아라

똥은 더러운 것이지만 곡식을 기르는 거름이 된다. 뉘우침은 잘못에서 비롯되나 덕성을 기르는 자양분이 된다. 더럽다고 똥을 거부하면 쭉정이만 달린다. 돌아보기 싫다고 허물을 덮으면 덕성을 함양할 수가 없다. 허물이 잘못이 아니라, 뉘우침이 없는 것이 잘못이다. 사람은 뉘우침을 통해서 향상하는 존재다. 허물을 돌려 장점으로 만들어라. 위기를 바꿔 기회로 만들어라.

— 다산의 편지 中

상대의 단점만 찾아 거르다 보면 종국終局에는 주위에 아무도 없을 것이다.

우리는 세상을 살아가며 참으로 많은 부류의 사람을 만나게 된다. 사람이 완벽하지 않은데, 어찌 내 마음에 쏙 드는 사람을 만날 수가 있겠는가. 답답한 사람도, 성격이 급한 사람도, 험담을 일삼는 사람도, 매사에 부정적인 사람도 만날 것이다. 하나 그 모습이 그의 전부라고 보기는 힘들 것이다. 단점이 49%이고, 장점이 51%라면 장점으로 단점이 커버되어야 할 것이다. 물론 보이는 많은 부분이 부정적인 것이라면 과감하게 인연을 정리하는 용기도 필요하다. 이 판단은 개인의 성향에 따라 다를 것이니 각자가 신중히 가려서 선택할 필요가 있다.

여기 K라는 한 사람이 있다. 그는 A를 급한 사람이라 하고, B를 고집이 센 사람이라고 한다. 또 C를 깔끔한 사람이라고 한다. 그럼 A라는 사람은 급하기만 한 사람인가? B라는 사람은 고집만 센 사람이고, C라는 사람은 깔끔하기만 한 사람인가? 그렇다면 K는 남들 지적질만 잘하는 사람인가?

모두 틀렸다. A에게는 급한 면도 있고, B가 고집이 센 부분도 있고, C는 깔끔한 면도 있다. K도 사람에 대한 평가를 잘 내리는 부분이 있다. 상대에게서 나타나는 어떤 모습은 그 사람의 극히 일부분이다. A에게 급한 면이 있으면 다른 쪽으로는 느긋한 부분도 있고, 섬세한 부분도 있고, 천하태평인 부분도 있을 것이다. 한 사람을 이루는 것은 겉으로 보이는 어느 한 부분만이 아니다. 보이지 않는 모든 부분들까지 모여 한 사람이 형성되는 것이다. 그러니 누군가를 평가할 때는 "A는 급한 사람이야"보다는 "A에게는 급한 부분도 있어"라고 이해를 하는 것이 좋다. 누구나 A에서 Z까지의 모습을 가지고 있는데, A만 보고 일반화의 오류를 범하면 안 된다.

상대의 단점을 찾기 이전에 나의 단점을 한 번쯤 생각해 보는 것도 좋겠다. 시간을 내어 노트에 한번 써보자. 나의 장점과 단점은 무엇인지 스스로가 알고 그것을 깨우친다면 섣불리 남의 단점을 들추어내는 어리석음을 범하지 않을 것이다. 나도 살아오며 많은 사람과 인연을 정리했다. 상대의 장점보다 단점이 많아서 그런 것이 아니다. 그저 나와는 너무 안 맞는 상대에게서 오는 피곤함이 이유다. 나와 안 맞는 상대에게 굳이 맞추려고 노력할 필요는 없다. 그 시간에 더 좋은 인연을 만나 더 깊은 관계를 만들어가는 것이 현명하다. 살아가며 나와 꼭 맞는 사람은 정말 만나기 힘든 법이다. 그러니 나와 상대의 장단점을 잘 분간하여 좋은 인연을 만들어가도록 노력할 필요가 있다.

어느 한 사람이 나와 참 안 맞는 상대라고 생각한 경우가 있었다. 하지만 시간이 지나고 보니 내가 그를 잘 알지 못했던 것이다. 그 후로 그의 장점이 보이기 시작했다. 그렇게 달라진 시선 속에서 그의 장점을 하나씩 찾게 되었다. 좋은 관계를 만들기 위해서는 내가 먼저 손을 내미는 것이 좋다. 누구든 받는 것을 좋아하지 않겠는가. 내가 먼저 받기를 바라고 있으면 그 관계는 발전해나가기 힘들다. 내가 먼저 상대에게 손을 내민다면 상대도 그에 상응하는 보답을 할 것이다. 받기만 하고 베풀지 못하는 사람은 그만 만나는 것이 좋다. 그러나 보통의 사람은 하나를 받았으면 하나를 주는 도리를 알 것이다. 그러니 먼저 베풀어보자. 물질적인 것이어도 좋고 마음을 나누는 것이어도 좋다.

부부간에도 100% 맞는 법이 없다. 부모 자식 간에도 그것은 마찬가지다. 그러니 살아가며 상대의 장점을 보도록 노력하여 좋은 사람을 많이 만들자. 그렇게 만든 인연이야말로 훗날 내 삶의 큰 무기가 될 것이다.

11

오래 만나고 싶으면 존칭을 쓰는 것이 좋다

내가 하는 대로 남이 나를 대접한다. 윗사람이 나를 능멸하고, 아랫것들이 농간을 부리는 것은 내가 그들에게 만만하게 보였기 때문이다. 남이 나를 업신여기는데도 먹고사는 문제에 붙들려 전전긍긍한다면 그 자리조차 지킬 수가 없다. 내 마음속에서 전전긍긍을 걷어내려면 사심을 버려라. 벌떡 일어나 툴툴 털고 떠나면 그뿐이라는 생각을 지녀라. 내게 범접할 수 없는 늠연한 기상이 있어 지위에 연연하지 않음을 보이면, 남이 나를 감히 도발하지 못한다. 무례하게 굴 수 없다. 남이 내게 함부로 굴거든 스스로를 돌아보라.

— 다산의 편지 中

배려와 존중을 통해 관계가 형성된다.

사람은 누구나 대접받기를 좋아한다. 남이 대접해 주기를 바라면서 정작 본인은 그렇게 하지 않는다. 대접받고 싶다면 먼저 대접을 해주어야 한다. 씨앗에 물을 주어야 싹이 나고 화초가 자란다. 화초가 자라 꽃이 피기를 바라면서 정작 물조차 주지 않는 것은 도둑놈 심보가 아니겠는가. 상대를 존중하고 배려하는 것은 씨앗에 물을 주는 것이라 생각하면 쉽다. 뿌린 것은 결국 거두게 되어 있다. 그것이 좋은 것이든 나쁜 것이든 거둔다. 그것이 세상의 이치다. 존중받고 싶다면 먼저 존중을 해라.

마흔은 마흔의 인생을 알고, 일흔은 일흔의 인생을 안다. 마흔이 일흔의 인생을 이해하기에는 무리가 있다. 그저 공감하려는 마음을 통해 상대에게 더 가까이 가려는 노력일 뿐 온전히 이해하기는 힘들다. 삶을 책으로 배울 수 있다면 얼마나 좋겠는가. 책을 많이 읽는다면 책을 읽지 않은 이에 비해서 지식과 지혜는 깊어질 수 있다. 그러나 한 사람이 살아온 인생을 이해하기에는 무리가 있다. 책을 통해 배울 수 있는 것이 있고 경험을 통해 체득할 수 있는 것이 있다. 결코 무시할 수 없는 것이 경험이다. 책으로 익히는 지식과 몸으로 쌓은 경험의 중요성에 대해 말하는 제나라 환공과 윤편의 이야기는 이 책에서도 자주 거론되는 좋은 예다.

나이는 내가 대접받으려고 해서는 안 된다. 상대가 대접해주는 것이다. 대접해주지 않는다고 서운해하지 말고, 대접해주지 않아서 상대를 서운하게 만들지 마라. 살아온 길이만큼 짙어지는 것이 인생이다. 대접을 해주면 또한 대접을 받는 것이 세상 이치다. 감정 나눔에 인색할 필요가 없다. 돈 드는 일도 아니고 설령 돈이 든다고 해도 상대의 감정을 다독여주는 것은 무척이나 가치 있는 일이다.

나와 만난 지 십 년이 훌쩍 넘은 좋은 인연이 있다. 동갑이지만 아직도 말을 놓지 않고 서로 존칭을 사용한다. 가끔 말을 하는 중간에 반말이 섞이기도 하지만 대체로 존칭을 하는 것을 암묵적인 약속으로 하고 있다. 서로의 호칭은 아이들의 이름을 따서 누구 아빠라고 부른다. 그렇게 쌓인 상호 배려와 존중을 통해 아직까지도 좋은 관계를 유지하고 있다. 물론 서로를 존중하니 의견 대립이나 기분이 나빴던 적이 한 번도 없었다. 아마도 그와는 평생 이렇게 좋은 관계를 유지해 나가지 않을까 생각한다.

우리나라는 특히 존댓말과 반말의 차이가 심하다. 사람들은 관계를 편하게 하기 위해서 반말을 사용한다고 한다. 반말을 하여 관계의 친밀도가 높아지는 것을 부정하는 것은 아니다. 그러나 사람은 편해지면 서로를 안이安易하게 대하기 때문에 분명 실수를 하게 된다. 그럴 바에는 차라리 존칭을 사용하는 것이 낫다. 나이 차이가 아주 많이 난다면 오히려 나을 것이나 동갑이거나 서너 살 차이 나는 경우에는 말을 놓는 것을 더욱 조심해야 한다. 한번 말을 놓으면 무르기가 힘들다. 그러니 검증되지 않은 상대이거나 오래 좋은 인연을 유지하고 싶은 상대라면 상호 존칭을 사용하는 것을 원칙으로 하자.

나와 6년 차이가 나는 친한 지인이 한 분 있다. 어느 날 문득 그분이 내게 말씀을 편하게 하시라고 해서 사양한 적이 있다. 그분과는 평생을 함께하고 싶은 까닭에 말 놓는 것을 정중히 거절했다. 말을 놓으면 관계가 조금 더 편해질 수는 있겠지만 언젠가는 실수를 할 것 같다는 이유에서였다. 이처럼 오래가고 싶은 사람이라면 더욱 언행을 조심하며 존칭을 쓰고 서로를 존중하는 것이 좋다.

오래 만나고 싶으면 존칭을 써라.
배려와 존중을 통해 관계가 형성된다.

12
여행을 즐겨라

남자가 독서하고 인격을 갈고닦으며 집안을 잘 경영하고, 어떤 일을 떠맡아 하는 등 일체의 일을 처리할 때 정신력으로 무장하지 않으면 아무 일도 해낼 수가 없다. 정신력은 부지런함, 날래고 똑똑함, 지혜로움, 성취를 뒷받침한다. 마음을 단단히 먹고 곧장 앞으로 나아간다면 태산이라도 옮길 수 있을 것이다. 나는 몇 해 전부터 독서의 진면목을 대략이나마 알게 되었다. 아무 생각 없이 읽기만 해서는 매일같이 수천 번을 읽어도 읽지 않은 것과 다름이 없다. 하나하나의 글자를 볼 때마다 그 뜻을 정확히 모르면 다양하게 찾아보고 세밀하게 연구해서 근원을 파헤쳐 글의 전모를 파악해야 한다. 날마다 이렇게 하는 습관을 들이면 한 종의 책을 읽을 때 백 종의 책을 참고하게 되고, 해당되는 책의 내용에 대해서도 훤히 알게 된다. 이 점을 잊지 말거라. 예를 들어 『사기』의 「자객열전(刺客列傳)」을 읽는다고 치자. 기조취도(旣祖就道)라는 구절을 만났을 때 스승에게 "조(祖)가 뭡니까?" 하고 물으면, 스승은 "이별할 때 지내는 제사다."라고 할 것이다. 그럼 다시 "하필 할아버지 조(祖) 자를 쓰는 이유가 있나요?" 라고 물으면 스승은 "나도 모르겠다."고 하시겠지. 그 뒤 집에 돌아와서 사전을 꺼내어 조(祖)의 본뜻을 살펴보거라. 이런 식으로 근본의미를 찾고 뿌리를 캐고 지엽적인 것도 찾아보거라. 여러 책에서 '조(祖)'라는 제사의 예절까지 자세히 참고하여 책을 만들면 길이 남는 책이 될 것이다. 이렇게만 한다면 그 전에는 한 가지 사물도 모르던 네가 이날부터는 '조(祖)'라는 말에 대해 훤히 아는 사람이 된다. 아무리 유명한 대학자라고 하더라도 '조(祖)'라는 말만큼은 너를 따를 자가 없을 것이니 이 얼마나 기쁜 일이겠느냐.

— 다산의 편지 中

여행을 통해 새로운 것을 만나고 익숙한 것의 소중함을 상기시켜라.

여행이라고 하여 거창한 것이 아니다. 그저 집에서 벗어나면 여행이다. 집을 나서는 순간 여행이 시작된다. 사전적인 의미의 여행은 '일이나 유람을 목적으로 다른 고장이나 외국에 가는 일'을 뜻하지만 굳이 먼 곳으로 가는 것만이 여행은 아니다. 제주에 사는 사람은 서울로 가고 싶어 하고 서울에 사는 사람은 제주로 가고 싶어 한다. 먼 곳으로 떠나면 무언가 특별할 것 같지만 몸이 먼 거리로 이동을 하는 것일 뿐, 특별한 일이 일어날 수도 그렇지 않을 수도 있다. 반대로 가까이 떠난다고 하여 별일이 없을 것 같지만 꼭 그렇지만도 않다. 가까운 곳에서 만나는 특별함이 있을 수도 있다. 어찌 멀다고 하여 더 특별하고 가깝다 하여 덜 특별하겠는가.

내가 마주하는 시간을 통해 얻을 수 있는 무언가를 찾기 위해 공간의 한계를 벗어나도록 노력할 필요가 있다. 의식의 변화를 통해서 일어나는 시간의 특별함을 만나보자. 그렇게 마주한 시간 속에서 공간의 한계를 극복할 수 있다. 장소에 구애받지 말고 내가 만나는 시간을 특별하게 만들기 위해 노력해 보자. 그 이후 장소의 변화는 큰 의미가 없어진다.

오랜만에 마주하는 플랫폼은 언제나 그렇듯 설렘을 안겨준다. 플랫폼과 만나는 순간은 아직 다른 곳으로 떠나기 전임에도 불구하고 마치 먼 곳으로 여행을 떠나간 듯 착각을 불러일으킨다. 플랫폼은 그렇게 만남과 이별이 공존하는 특별한 곳이다. 분주하게 오고 가는 사람들로 인해 여행을 간접적으로 경험할 수 있는 특별한 장소다.

군부대로 복귀하는 남자친구를 배웅하며 진한 입맞춤을 나눈 후 눈물을 흘리는 여성.

일주일 만에 만나는 주말 부부로 보이는 남녀가 오랜만에 재회를 한 듯 반가운 마음에 환하게 웃으며 서로를 부둥켜안는 모습.

멀리 떨어져 사는 자식과 손자를 배웅하러 나와 아쉬운 마음을 뒤로 하고 손수건으로 눈물을 훔치며 흔들리는 눈빛으로 기차가 보이지 않을 때까지 손을 흔드는 노부부.

커다란 캐리어를 이끌고 분주히 통화를 하며 바삐 움직이며 출장을 가는 모습의 중년 남성.

멀리 여행을 떠나기 힘들다면 가끔 가까운 플랫폼으로 나가보자. 여러 가지 여건 때문에 미처 떠나지 못하는 이들은 그런 아쉬운 마음을 가슴속에 간직한 채 플랫폼에 나가보자. 저마다의 여행을 위해 바쁘게 오가는 사람들을 통해 여행의 기분을 조금은 경험해 볼 수도 있지 않을까. 잠시 눈을 감고 가고 싶은 곳을 머릿속으로 떠올리며 그곳으로의 여행을 떠나보는 것도 좋겠다.

사람은 늘 익숙함에 생각보다 빨리 젖어든다. 무엇이든 익숙해지면 귀한 줄 모르는 법이다. 사람들은 새로운 것을 귀하게 여기지 오래 지니고 있으면 사람이든 물건이든 그것의 소중함을 잊고 살아간다. 익숙해지니 처음의 소중함을 잊은 채 살아가는 것이다. 익숙한 것들은 언제나 그렇듯 늘 그 자리에 그대로 있는 것만 같다. 달이 차고 해가 기울어도 변하지 않고 늘 내 곁을 지키고 있다고 착각을 하며 살아간다.

사람이란 원래 그런 것이니 그것을 탓할 필요는 없다. 대신 익숙한 것들의 소중함을 가끔씩이라도 다시 상기시키면 그것으로 족하다. 평소 연습을 많이 해 보지 않으면 관점의 변화를 통해 새로운 인식을 갖는 것이

쉬운 일은 아니다. 여행은 내 생각과 행동을 평소보다 조금 더 여유롭게 만들어주고 새로운 것을 마주할 기회를 많이 만들 수 있는 좋은 방법이다. 그런 의미에서 여행은 새로운 것들을 만나기에 최적의 수단이다. 여행을 통해 새로운 것을 만난다면 이후에는 평소 내가 잊고 지낸 익숙한 것들의 소중함을 상기시켜 보자. 결국 남는 것은 새로운 것이 아니라 익숙해서 소중함을 잊고 살았던 것들이다. 어차피 새로운 것도 처음만 그렇지 시간이 지나면 익숙해지기 마련이니 말이다. 익숙한 것의 소중함을 깨닫지 못한 채 새로운 것만을 계속해서 추구한다면, 새로운 것을 발견하는 것에 대한 아무런 의미가 없다. 진정 소중한 것이 무엇인지를 늘 생각하며 살아가야 한다.

여행을 즐겨라. 여행을 통해 새로운 것을 만나고 익숙한 것의 소중함을 상기시켜라. 여행만큼 인생을 배우기에 좋은 것도 드물다.

그런데 돈도 적게 들고 시간도 절약하며 인생에 무척이나 도움이 되는 여행이 있다. 바로 책 속으로 떠나는 여행이 그것이다.

13
관상은 과학이다

얼굴은 버릇으로 인해서 변하고 세력은 얼굴로 인해서 이루어진다. 그런데 흔히 관상이니 사주니 말하는 자들이 있는데 이는 망령스럽기도 하다. 어린아이가 어릴 때 얼굴을 보면 아름다운데, 아이가 자람에 따라 무리로 길러지면서 버릇이 길러지고 얼굴도 따라 변한다. 서당에서 글을 배우는 무리는 얼굴이 아담하고, 시장 바닥의 무리는 얼굴이 검다. 짐승 치는 무리는 얼굴이 텁수룩하고, 도박 좋아하는 무리는 얼굴이 성낸 듯하면서 영리하다. 대개 버릇이 오래되면 성질도 그쪽으로 옮겨지는데, 그 마음속에 있는 것이 성실하면 겉으로도 나타나게 된다. 사람이 그 얼굴이 변한 것을 보고는 '얼굴이 그러므로 그 버릇이 그렇다'고 한다. 그러나 그것은 틀린 말이다.
얼굴을 보고 한 분야에 재주가 있다고 판단하여 주위에서 도와주면 그것을 익히게 되고, 익힘은 재주와 함께 진전함으로써 재주는 얼굴과 더불어 변화하게 된다. 그런데 사람들은 얼굴이 변한 것을 보고 '얼굴이 그런 까닭으로 그 재주가 저와 같다' 하니 참으로 어리석다.

또한 얼굴로 인해서 힘을 이루었고 힘으로 인해서 그 얼굴을 이루게 된 것인데, 사람들은 그 얼굴이 생긴 것을 보고 또 말하기를 '얼굴이 저렇게 생겨서 이룬 것이 저와 같다' 하니 어찌 그리 어리석은가. 세상에선 뛰어난 재주와 덕을 가지고도 운수가 막히고 궁해서 그 덕과 재주를 펴지 못하는 자가 있으면 얼굴을 탓한다. 일반인이 관상법을 믿으면 그 직업을 잃게 되고, 지도자가 관상법을 믿으면 그 벗을 잃게 되고, 임금이 관상법을 믿으면 그 신하를 잃게 된다.

— 다산의 편지 中

관상을 믿되 맹신해서는 안 된다.

관상觀相이란 겉으로 드러난 사람의 얼굴, 즉 생김새를 말한다. 또는 그 생김새로 사람의 성격이나 기질을 파악하는 점占을 일컫는 말이기도 하다. 관상을 점의 한 부분으로 생각하여 미신으로 치부할 수도 있으나 통계학적인 측면에서 바라보아도 좋을 것이다. 우리는 세상을 살아가며 많은 사람들을 만나게 된다. 성공의 85%는 인간관계라는 말이 있는 것처럼 세상은 혼자서 살아가는 것이 아니라 많은 인간관계가 얽히고설켜서 살아가는 것이다. 그만큼 사람과의 만남이 중요하다. 사람을 잘못 만나 인생이 파탄 나는 경우도 있고 반대로 큰 복을 얻는 경우도 있다.

나는 세상을 살아오며 관상이 과학이라는 말에 참으로 많은 공감을 하였다. 사람을 처음 만났을 때 형성되는 이미지, 즉 첫인상이 미치는 효과를 초두효과(첫인상 효과, Primary effect)라고 한다. 사람은 상대를 처음 만났을 때 0.3초라는 짧은 시간에 호감, 비호감으로 첫인상을 판단할 수 있을 정도로 첫인상에 민감하다. 단 0.3초에 그 사람의 첫인상이 결정된다고 하니 세상을 살아가며 상대에게 항상 좋은 첫인상을 줄 수 있도록 연습하고 노력할 필요가 있다.

인상이 험상궂은 사람은 첫인상이 좋지 않으므로 성격까지 험악할 것이라는 오해를 받기도 한다. 모든 일에 100%라는 것은 없듯이 인상이 험악하다고 편견을 가지고 바라볼 필요는 없다. 어차피 인간은 한계가 있어서 처음 만난 상대를 전부 알 수 없다. 결국 상대의 일부만 보고 파악할 수밖에 없다. 그때 보이는 한 부분이 첫인상일 뿐이지 100% 정확한 것은 아니니 이를 잘 가려서 판단해야 한다. 그런데 세상은 참으로 바쁘게 돌아간다. 바쁜 세상을 살아가며 많은 사람을 만나는데, 사람을 판단하는 기준으로 첫인상이 무척이나 중요하게 작용할 수밖에 없다는 것 또한 외면할 수 없는 사실이다.

첫인상으로 상대가 파악되지 않았다면 다음으로는 첫 만남의 자리에서 언행을 관찰함으로써 상대를 알 수가 있다. 사람의 언행이 누적되면 외부로 표출이 되는데, 그것이 바로 관상의 한 부분을 차지한다. 바로 관상이 중요한 이유다. 점술로만 치부하지 말고 사람을 판단하는 한 수단으로 여기는 것이 좋겠다. 마음속에 욕심이 가득하거나 무언가에 쫓기는 사람은 그 마음이 그대로 외부로 표출이 된다. 간혹 사기꾼처럼 마음을 다스리며 포커페이스를 유지하는 경우도 있을 수 있다. 그러나 대부분은 관상과 언행을 통해 겉으로 드러나니 그것을 상대를 판단하는 기준으로 삼을 수 있다. 그러니 사람을 만나고 사귈 때는 유념하여 얼굴을 잘 관찰하자.

나이 마흔이 되면 본인의 얼굴에 책임을 지라고 했다. 부모에게 물려받아 타고난 얼굴의 바탕이야 어찌할 수 없다고 하더라도 평소 언행을 올바르게 하고 마음 씀씀이를 올곧게 갖는다면 그것이 외부에 그대로 나타나게 된다. 얼굴만 관상이 아니라 기운을 드러내는 부분 중에 목소리가 차지하는 비중 또한 매우 크다. 사람의 상相을 살필 때 다양한 포인트가 있지만 둘째가라면 서러울 요소가 목소리 관상, 즉 성상聲相이다. 그러니 상대의 성상도 잘 살피고, 나의 관상과 성상도 곱게 다스리도록 노력하는 것이 좋다.

본디 모든 것은 마음에서 비롯되는 법이다. 마음 쓰기에 따라 관상도 변하고 성상도 변하니 늘 스스로를 갈고닦아 좋은 관상과 성상을 지니도록 노력하는 것이 좋겠다.

다산은 관상법을 믿는 사람이 참으로 어리석다고 했다. 나는 관상도 풍수지리도 점도 믿는 편이 아니다. 하지만 한편으로는 또 영 못 믿을 것도 아니라고 생각하여 평소에 유심히 사람의 얼굴을 관찰하는 습관을 가지고 있다. 나쁜 마음을 가지고 살면 그 마음이 얼굴에 그대로 드러나고, 반대로 올바른 생각을 하고 살아도 얼굴에 드러나기 마련이다. 마음 씀씀이에 따라 불안, 초조, 너그러움, 기쁨, 슬픔 등의 감정이 얼굴에 그대로 드러난다. 사람의 감정이 그렇게 겉으로 드러나고 그것이 오랜 시간 굳어지면 관상이 된다는 의미에서 관상을 과학이라 말하는 것이지 만에 하나라도 오해가 없기를 바란다.

관상을 너무 믿어서도 안 된다. 그러나 아예 무시하지도 않는 것이 좋다.

Chapter 3

습관에 대하여

1
중독(中毒)에서 벗어나야 한다

내가 보니 비장(裨將: 주장(主將)을 보좌하는 장수)이 된 자들의 천만 가지 문제의 발단이 모두 한 글자에서 일어난다. 칭찬과 비방, 영예와 욕됨도 모두 한 글자에 달려있다. 이른바 그 한 글자가 무엇일까? 그것은 바로 음(淫)이라는 글자다. 관기(官妓) 중에 요염한 자는 여러 사람이 똑같이 눈독을 들이게 되어있다. 그중 음사에 능한 자가 반드시 그와 먼저 눈이 맞게 마련이다. 어리석어 못난 사내가 한차례 빠지기만 하면 향기와 악취도 분간 못하고 시고 짠 맛도 가리지 못하게 될 것이다. 그러니 마음을 잃고 몸을 망치는 것이 이로부터 비롯된다.

– 다산의 편지 中

사람은 살아가면서 수시로 나를 돌아보는 시간이 필요하다. 나를 돌아보는 그 순간 무언가에 중독되어버린 스스로를 발견한다면 당장 그 중독을 끊어내야만 한다. 중독이란 '그것 없이는 견디지 못하는 병적 상태'로 소중한 사람을 앞에 두고서도 중독된 그것을 머릿속에서 떨쳐버리지 못하는 것을 말한다. 소중한 사람이 앞에 있는데도 불구하고 그 사람보다 내가 중독된 그 무언가가 머릿속을 맴돌게 내버려 두지 말아야 한다.

누구나 살아가며 무언가에 망설여질 때가 온다. 명백하게 옳은 일이라면 망설일 이유가 없다. 하지만 할까 말까 망설여질 때가 있다. 망설이는 그 자체가 해서 큰 도움이 되지 않는 것이라는 의미니 그럴 때는 하지 말아야 한다. 나에게 이득이 될 만한 일이라면 애초에 끊을 필요가 없다. 중독이란 그런 것이다. 애초에 이득이 되지 않는 일을 반복적으로 하는 것이 내 삶에 어떤 도움이 될 것인지를 되돌아볼 필요가 있다.

'내가 원치 않는 무언가가 절대로 채워지지 않는 것'이 바로 중독이다. 내가 원하지 않는 결과를 내기 위해 중독에서 허덕이는 어리석음을 범해서는 안 된다. 한 번뿐인 소중한 인생이 중독으로 인해 파괴되도록 놔두지 말아야 한다. 술과 담배, 사람과 마약, 스마트폰에 중독되는 것 모두가 그것에 해당한다.

중독자들은 늘 불안감과 초조함과 함께 살아간다. 술을 마시지 않아서 불안하고 담배를 피우지 않아서 초조하다면 그것은 곧 중독되었다는 것을 의미한다. 이성을 만나지 못해 불안하고 PC게임이나 스마트폰을 하지 못해 초조하고 계속 생각이 난다면 그것 또한 이미 중독된 것이나 마찬가지다. 무언가에 중독된 사람들과는 달리 중독되지 않은 사람들은 애초에 해소해야 할 불안감과 초조함 따위가 없다. 악순환의 굴레에 빠진 것을 중독이라 본다면 중독되지 않은 것은 항상 선순환의 연속선상連屬線上에서 살아가는 것이라 보아도 무방하다.

ME(나)를 거꾸로 바라보면 WE(우리)가 된다. 내가 아닌 우리를 생각할 필요가 있다. 사람은 이타적利他的인 존재다. 아니, 사람은 이타적인 존재라고 내가 믿고 싶은 것인지도 모르겠다. 물론 사람은 자기 자신을 위해 무언가를 하는 것에서 성취감과 행복을 느낀다. 하지만 자신을 위해 무언가를 하는 것보다는 타인을 위해 무언가를 하는 것에서 보다 더 큰 보람과 행복과 성취감을 느낄 수 있다.

중독에서 벗어나는 것이 우선은 나를 위한 것이라고 생각될 수도 있다. 하지만 결국은 내가 사랑하는 소중한 사람을 위한 일이라는 것을 깨달아야 한다. 사랑하는 사람을 위해서라도 중독에서 벗어나야 할 필요가 있다. 그 사람이 소중한 만큼 중독에서 벗어나려는 나의 결심을 굳게 지켜야 한다. 그렇게 생각한다면 중독된 것에서 벗어나기가 조금은 수월해질 수 있을 것이다.

나 역시도 한때 무언가에 중독된 적이 있다. 중독이 되었고 그 중독에서 벗어났으니 지금은 말을 할 수 있다. 성인이 되면 누구나 가장 쉽게 접할 수 있고 쉽게 중독될 수 있는 술과 담배가 그것이다. 습관처럼 술과 담배를 즐겼고 매일 사람을 만나 술을 마시지 않으면 불안하고 인간관계가 단절될 것만 같은 초조함이 밀려왔다. 하지만 어느 순간 생각해보니 그것 또한 하나의 중독이었을 뿐이라는 것을 깨닫게 되었다. 지금 당장 하지 않으면 큰일이 일어날 것 같지만 하지 않는다고 해서 별다른 일도 일어나지 않는다. 중독의 굴레에서 허덕이는 시간을 끊고 그 시간에 좀 더 가치 있는 일을 하는 것이 현명한 선택이다. 분명 그러하다.

내가 담배에 중독되어 있던 시기를 회상하면 지금도 후회가 막급莫及하다. 가족과 함께 어디에 나가더라도 가족에게 흡연하는 모습을 보이지 않기 위해 수시로 자리를 비웠고 그만큼 가족과 함께하지 못한 시간에 대한 안타까움과 미안함이 크다. 또한 한창 자랄 아이들에게 굳이 하지 않아도 될 간접흡연의 피해를 고스란히 안겨주었다는 점에서도 큰 죄를 지은 셈이다. 일이 힘들다, 글을 쓴다, 스트레스를 받는다는 등 백만 가지 이유를 들어 흡연을 정당화시켰으나 돌이켜보면 좋은 것은 단 한 가지도 없었다. 후회스러운 시간과 눈에 보이지 않는 몸속 세포의 노화 정도가 남았을 것이다.

중독은 습관이다. 모든 습관은 무의식적으로 일어나기 때문에 통제가 힘들다. 통제하려고 하면 할수록 그것이 계속 생각나게 된다. 『코끼리는 생각하지 마』라는 책이 있다. 프레임Frame(우리가 세상을 바라보는 방식을 형성하는 정신적 구조물)의 덫에 걸린 세상을 해부하는 이 책에서는 이렇게 말한다. 어떤 단어를 들으면 뇌 안에서는 그와 관련된 프레임이 활성화된다. "코끼리는 생각하지 마!"라고 말하면 사람들은 더욱더 코끼리를 생각하게 된다. 어떤 프레임을 부정하면 그 프레임이 활성화된다는 것이다. 그리고 프레임은 자주 활성화될수록 더 강해진다. 이미 활성화된 프레임에서 벗어나려 애쓸수록 더더욱 그 프레임 안에 갇히게 되는 것이다. 이미 활성화된 프레임이라면 차라리 그것을 인정하고 받아들이는 것이 낫다. 부정하는 것보다는 자연스레 받아들이는 편이 프레임으로부터 한결 둔감해질 수 있는 방법이다.

중독된 그 무언가가 생각날 때 이렇게 한번 생각해 보면 조금 편해질 수 있다. '아!~ 중독된 그것이 또 나를 찾아왔구나.'라고 말이다. 제3자의 관점으로 그것을 마주해야 한다. 중독이 나를 찾아온 것이 '상황'이 아니라 형상을 지니고 있는 하나의 '물질(ex. 사람)'이라고 생각하자. 그리고 내가 중독되었다는 것을 이내 알아차리자. 중독을 통제하고 벗어나고 극복하려 노력하지 말고 단지 그것을 알아차리기만 해도 좋다. '또 (중독)네가 왔구나. 그래. 잠시 곁에 있다가 가렴.' 이런 식으로 말이다.

알아차린 다음 그것을 깨닫고 숨을 한번 크게 쉬며 '내가 원치 않는 무언가가 절대로 채워지지 않는 것'에 대해 생각하고 받아들이는 과정이 중요하다. 이런 과정을 되풀이하는 노력을 계속해서 해야 한다. 프레임에서 벗어나려고 필사적으로 애쓰며 '코끼리를 생각하지 않으려는 노력'

대신 코끼리를 생각하고 받아들이고 인정하자. 이후 조금씩 중독으로부터 자유로워지는 삶을 살아가는 나를 만나보자.

사람은 타인의 자유를 침해하지 않는 선에서 누구나 자기가 원하는 것을 하며 살아갈 자유가 있다. 그러나 그렇다고 해서 중독에서 허덕이며 아무렇게나 살아가서는 안 된다. 그것은 단 한 번뿐인 내 인생에 대한 실례이자 모독이기도 하다.

살아가면서 좋은 습관은 하나씩 더하고 나쁜 습관은 하나씩 버리자. 중독은 나쁜 습관 중에서도 가장 나쁜 습관이다. 그러니 평소에 수시로 나를 돌아보는 시간이 필요하다. 그 순간 무언가에 중독되어버린 나를 발견한다면 앞에서 말한 방법대로 당장 그 중독을 끊어내도록 노력하자. 그렇게 하나씩 중독에서 벗어나 온전한 내 삶을 살아가도록 노력하자. 단 한 번뿐인 인생이니 말이다.

2

한 톨의 쌀을 남길 것인가

집안을 다스리는 요령으로 새겨야 할 글자가 둘 있는데, 그 첫째는 근(勤)이다. 오늘 할 일을 내일로 미루지 말고, 아침에 할 일을 저녁으로 미루지 말고, 맑은 날 해야 할 일을 비 오는 날로 미루지 않아야 한다. 하늘은 게으른 것을 싫어하니 반드시 복을 주지 않는다. 둘째는 검(儉)이다. 집안의 남녀노소가 모두 놀고먹는 사람이 없도록 하고 한순간도 한가함이 없어야 한다. 하늘은 사치스러운 것을 싫어하니 반드시 도움을 내리지 않는다. 세상에서 가장 귀한 것은 진정성(眞情性)인데, 이것은 조금도 기만하는 것이 없는 것을 말한다. 하늘을 기만하는 것이 가장 나쁘고, 임금을 기만하고 부모를 기만하고 농부를 기만하고 상인을 기만하면 모두 죄를 짓는 것이다. 유익한 일은 일각도 멈추지 말고 무익한 꾸밈은 일호도 도모하지 말라.

— 다산의 편지 中

사소한 습관을 중요하게 여겨야 한다.

지금 마주 앉은 두 사람의 눈앞에 정성껏 차려진 식탁이 있다. 식사를 맛있게 하고 남은 밥상을 바라보니 한쪽은 한 톨의 쌀도 없이 밥그릇을 깨끗이 비웠고 다른 한쪽은 밥풀이 여기저기 너저분하게 붙어있다. 어느 편이 보기에 좋은가? 정성껏 차려진 식탁에서 밥을 먹을 때는 늘 음식의 소중함을 생각해야 한다. 농부가 농사를 지어 수많은 과정을 거치고 나서야 우리의 밥상에 한 그릇의 밥이 올라온다. 내가 열심히 일을 하고 돈을 벌어서 쌀을 사고 밥을 지어 먹는 것이라고 해서 음식을 아무렇게나 대하는 것이 마땅한 일은 아니다.

내가 학교를 다닐 때 어느 선생님께서 하신 말씀이 있다. "너희가 밥을 먹을 때 한 톨의 쌀을 버리는 것이 얼마나 큰 죄인지를 깨달아야 한다. 그 곡식이 얼마나 많은 이들의 손길을 거친 후 밥상에 올라오는지를 알고 항상 감사하게 생각하며 살아가야 한다. 수많은 과정을 거쳐 우리 밥상에 올라온 한 톨의 쌀이 너희의 입에 들어가지도 못하고 그대로 음식물 쓰레기가 된다면 그 쌀의 인생은 얼마나 허무하겠느냐? 그러니 항상 식탁에 올라온 음식을 소중히 생각하고 밥 한 톨까지 깨끗이 먹는 것이 좋다." 나는 진정 학교에서 가르쳐야 할 것들이 이런 것들이 아닐까 하는 생각이 들었다.

우리는 많은 지식을 쌓기 위해서 학교와 학원을 다닌다. 하지만 정작 우리가 살아가면서 배우고 실천해야 할 것들은 국영수가 아니라 이런 사소하지만 의미 있는, 삶을 대하는 기본적인 태도가 아닐까. 연장자를 존중하고, 아이를 보호하고, 음식을 귀하게 여기고, 가여운 자를 안타깝게 여기는 등의 삶의 기본이 되는 것들 말이다. 어느 과목 선생님께서 그리 말씀하신 것인지 지금은 기억나지 않지만 나는 그분을 내 삶의 진정한 스승이라 부르지 아니할 수가 없다.

나의 아버지와 할아버지는 항상 식사를 마치고 나면 밥그릇에 물을 부은 후 싹싹 긁어서 숭늉처럼 마시며 한 톨의 쌀도 남기지 않고 식사를 깨끗하게 마무리하셨다. 그것이 내가 어릴 때부터 보고 자라온 밥상머리 교육이다. 그래서인지 나도 평생 밥을 먹을 때 한 톨의 쌀도 남기지 않는 것을 삶의 습관으로 가지고 있다. 밥상에 내어온 밥이 많아서 미처 다 먹지 못할 것 같으면 수저를 갖다 대기 전에 미리 깨끗한 그릇에 밥을 덜어두고 내가 먹을 만큼만 먹고 모자라면 또 덜어 먹도록 버릇되었다. 내가 아닌 누군가는 먹을 수 있을 테니 말이다. 가진 것이 많아지고 세상이 풍요로워졌다고 해서 그것이 음식을 함부로 대해도 된다는 의미는 아니다. 화려하고 살기 좋아 보이는 세상이지만 아직도 굶어 죽어가는 사람이 무척이나 많다는 것을 기억할 필요가 있다. 이 나라에 태어나 이렇게 삼시 세끼 밥을 먹고 살 수 있다는 것을 큰 행복이자 행운으로 생각해야 한다. 늘 음식의 소중함을 생각하고 귀하게 대하는 습관을 갖자.

한 톨의 쌀이 식탁에 오르기까지의 과정은 어쩌면 우리가 살아가는 인생의 모습과 별반 다르지 않을 것이다. 농부가 봄에 모내기를 하면 그 벼의 싹은 모진 비바람과 뜨거운 태양을 이겨내고 가을이 되면 황금들판에 고개를 숙인 잘 숙성된 곡식이 된다. 그런 고초를 겪은 한 톨의 쌀은 이내 모가지가 잘리어 탈곡을 거친 후 많은 이들의 손을 지나 우리의 집으로 오게 된다. 이후 한여름의 뜨거운 태양보다 더 뜨거운 밥솥에 들어가서 한참의 열기를 견딘 후에야 비로소 밥으로 완성이 되어 밥상 위에 한 그릇의 밥이 되는 것이니 그 과정을 들여다본다면 어찌 소중하다 아니할 수 있겠는가.

나이가 들었다 하여 모두 어른이 아니다. 어른다운 말과 어른다운 행실과 어른다운 마음과 어른다운 습관을 가져야 비로소 어른이라고 할 수 있다. 상대와 식사를 할 때 밥그릇을 살펴보면 상대의 평소 습관을 미루어 짐작할 수 있다. 밥그릇에 쌀 한 톨 남기지 않고 밥을 깨끗이 먹는 사람이 있는가 하면 매번 지저분하게 밥풀을 여기저기 남기는 사람이 있다. 결코 배가 불러서 먹지 못하는 것이 아니라 단지 '식습관'이다. 어느 쪽이 보기가 좋은지는 개인의 판단에 맡긴다. 물론 사소한 식습관만을 가지고 사람을 평가하는 기준으로 삼아서는 안 된다. 하지만 사소한 식습관 하나도 사람을 평가하는 기준이 될 수 있다.

내가 먹는 음식이 돈만 주면 사 먹을 수 있는 것이라고 단순히 치부置簿하지 말아야 한다. 내 입에 들어오기까지의 일련의 과정을 늘 생각한다면 음식을 소홀히 대할 수 없을 것이다. 결코 농부의 땀을 헛되이 해서는 안 된다. 이를 기억하고 밥을 먹을 때는 결코 한 톨의 쌀도 남기지 않도록 하며 늘 음식의 소중함을 깨닫고 살아가는 것이 좋다.

3

말 습관을 조심해야 한다

전체가 완전해 보여도 조그만 구멍만 새면 깨진 항아리와 같다. 너희가 모든 말을 다 미덥게 하다가도 한마디만 사리에 맞지 않거나 거짓말을 하면 곧 도깨비처럼 되어 버린다. 그러니 너희는 정말로 입을 조심하도록 해라. 말을 실속 없이 과장되게 하면 남이 믿어 주질 않는다. 공부는 먼저 거짓말하지 않는 일부터 신경 써야 한다. 말을 적게 해라. 거짓말하는 것을 세상에서 가장 악하고 큰 죄가 되는 것으로 알아라. 이것이 성의 있는 공부로 들어가는 최초의 길목임을 명심하여라. 온 마음을 다하는 수양을 열심히 해라. 그것은 마음을 속이는 말을 하지 않는 것으로 시작해야 한다. 마음을 속이는 말을 하는 것을 마치 세상에서 가장 극악한 대죄를 보는 듯이 해라. 이것이 바로 온 마음을 다하는 공부의 출발점이다.

– 다산의 편지 中

- 바른 말

바른 말로 상대도 나도 함께 높이는 지혜를 가지자.

말 한마디로 천 냥 빚을 갚는다는 말이 있다. 사람들은 그것이 좋은 것인지 아닌지 미처 판단하지도 못한 상태에서 남들이 사용한다고 그냥 따라서 사용하는 경우가 많다. 특히 아이들에게서 많이 나타나는 현상이지만 어른들도 무심코 이런 말 습관을 가지게 된다. 본디 좋지 않은 습관은 빨리 자리를 잡는 법이니 평소 나를 돌아보는 시간을 자주 가지며 애초에 좋지 않은 습관은 가지지 않는 것이 좋겠다. 이미 자리 잡힌 습관이라면 어서 빨리 고치는 현명함을 갖자. 그중에 특히 조심해야 할 것이 바로 말 습관이다.

예컨대 나이 상관없이 예의를 차려야 하는 상대에게 "감사해요"라는 말을 사용하면 어떨까? 그 상대가 나의 은사님이나 직장의 최고 상사나 나에게 무척이나 어려운 사람이라면 그렇게 말하는 것이 자못 어색하지 않을까. 기업의 CEO가 회사 직원에게 칭찬을 했는데, 직원이 "감사해요"라고 답을 했다면 그게 과연 자연스러운 대답일까? 군단장이 장교에게 표창장을 주었는데 그것을 받아들고 "충성. 감사해요."라고 했다가는 그 자리에서 그대로 "안녕히 가세요." 할 수도 있지 않을까? 물론 군대라는 특수한 상황을 예로 들어 적합하지는 않지만 위의 다양한 상황을 떠올리며 한번 자문자답自問自答해볼 필요가 있다. 아무래도 "감사합니다."라고 말하는 것이 어색하지 않을 것이다.

‘감사感謝’는 존칭이고, ‘~해요.’는 상대편을 보통으로 높이는 뜻을 나타내는 종결형 ‘비격식체’이다. 물론 ‘요’를 붙이는 종결형도 상대를 존대하는 뜻을 나타내기는 하지만, 상대편을 ‘보통’으로 높이는 뜻을 나타내는 종결형이라 격식을 갖추어야 하는 상대에게는 잘 쓰지 않는다. 고마움을 나타내는 ‘감사’라는 말은 존칭이고, ‘~해요’가 비격식체라면 ‘격식체(존칭)’와 ‘비격식체’를 섞어놓은 애매모호한 말이 되는 것이다. 이는 나와 동갑이거나 나이가 한참 어린 사람에게는 사용할 수 있지만 예의를 차려야 하는 상대에게 사용하는 것으로는 올바르지 않을 수도 있다. 그러니 격식을 갖추어야 할 상대라면 차라리 상대편을 아주 높이는 뜻을 나타내는 ‘-ㅂ니다’를 붙여 “감사합니다.” 또는 “고맙습니다.”라고 표현하고, 나와 동갑이거나 한참 어린 사람 또는 편한 사이인 경우에는 “고마워요.” 정도로 사용하는 것이 바람직하다. 물론 나보다 어린 사람이라고 할지라도 격식을 차려야 하는 자리에서는 “고맙습니다.”라고 말하는 것이 좋다. 예의를 차리지 않는 것과 편한 것은 별개로 생각해야 한다. 본인만의 사소한 말 습관과 고집에 따라 ‘편함’을 추구하는 것이 상대에게 ‘불쾌함’까지는 아니더라도 ‘유쾌하지 않음’을 선사할 수도 있으니 보다 적확的確한 표현을 사용하여 ‘사소한 예의’를 지킴으로써 상대에게 ‘유쾌함’을 선사하는 것이 맞는 일일지도 모른다.

상대를 높여주어 예의 있는 사람처럼 보이게는 말하고 싶은데, 상대를 많이 높여주면 괜스레 자존심이 상한다. 그래서 ‘감사’까지만 존칭을 쓰고 ‘해요’는 비격식체를 사용해서 애매모호하게 만들어 상대를 ‘적당히' 높여주고 내 자존심도 '적당히' 지키고 싶었는지도 모른다. 하지만 설마 세상에 이렇게까지 생각하고 말하는 사람이 어디 있을까? 콧대가 높은 사람들에게서 간혹 나타나는 경향이라고 생각할 수도 있을 테지만 그냥 잘 몰라서 그런 것이라 생각하는 것이 좋겠다. 이런 말 습관을 가지고 있는 사람이 세 살 먹은 아이에게 사탕을 줬을 때 아이가 "네!~ 감사해요."라고 한다면 "어허!~ 감사합니다라고 해야지."라고 훈계하는 일은 결코 없으리라 생각한다. 상대를 존중하여 높여준다고 해서 내가 낮아지는 것이 아니다. 상대를 먼저 존중해주는 것은 내가 존중받을 수 있는 씨앗을 뿌리는 것이니 아까워하거나 자존심을 세울 필요가 전혀 없다.

한 가지 더 예를 들자면 "진지 잡수세요."와 "밥 먹자." 정도가 있겠다. 어른에게는 '밥'의 높임말인 '진지'를 사용하고, 그 뒤에 '먹다'의 높임말인 '잡수다'를 붙여서 '진지 잡수세요.'라고 사용한다. 어른에게 '밥 먹으세요.'나 '밥 잡수세요.'라고 반말과 존칭을 섞어서 사용하는 것은 본 일이 별로 없을 것이다. '식사 하세요.' 정도가 편한 말일 것이다. 친구나 아랫사람들에게는 '밥 먹자'(반말+반말)라는 말을 사용할 수 있겠지만 그게 아니라면 존칭과 반말을 섞어서 사용하는 것만큼 어색해 보이는 것도 드물다. 모든 말의 끝에 '~요'만 붙여서 사용하면 존칭은 되겠지만 상황에 따라 어색해 보일 수도 있으니 이를 잘 가려서 사용하는 것이 좋겠다.

요즘은 예의가 많이 사라진 시대가 되었다. 사소한 것들은 그냥 지나치는 경우가 많지만 그 사소한 것들을 사려思慮 깊게 생각하는 사람을 간혹 만날 수 있다. 평소 말 습관을 올바르게 사용한다면 득得이 될 확률이 많지 실失이 되지는 않을 것이니 이를 잘 생각하여 예의 있는 말 습관을 가지는 것이 좋겠다. 누구든 상대가 예의 차리는 것을 싫어하는 이는 없을 것이다.

참고로 '감사'는 '고맙다'는 표현보다 더 존칭이라고 생각할 수 있으나 사실 국어사전을 보면 '고맙다'는 말이 '순우리말'로 오래전부터 사용되어 왔다는 것을 알 수 있다. '감사感謝'는 일본어 한자에서 유래되었다는 말이 있지만 확실치는 않다. 그러니 출처가 분명하지 않은 '감사'라는 단어보다는 '고맙습니다.'라는 말을 사용하는 것이 좋다. 하지만 이를 잘 모르는 사람들이 생각보다 많으니 경우에 따라서 '감사합니다.'라는 말을 섞어서 사용해도 좋겠다. '고맙습니다.'라고 하면 반말을 한다며 좋지 않게 생각하는 경우도 있을 수 있다.

만일 내가 알고 행하는 것이 사실이라고 하더라도 다른 많은 사람들이 그것을 모른다면 내가 사실로 생각하는 것이 상대에게는 오해를 불러일으킬 소지가 있다. 그러니 상황을 잘 살펴가며 말하는 것이 좋다. 그러나 '고맙습니다.'라는 표현을 많이 사용해서 많은 사람들이 그것을 알 수 있도록 전파하는 것도 나쁘지 않을 것이다. 언젠가부터 TV 뉴스를 마무리할 때 아나운서들이 '감사합니다.' 대신 '고맙습니다.'를 마무리 인사로 사용하는 것을 보면 이 해석이 맞을지도 모른다. 우리가 알게 모르게 아직까지도 일제시대의 잔재가 참으로 많이 남아있다.

고마움을 표현하는 이 한마디에도 이렇듯 많은 의미가 들어 있다. 그러니 우리가 사용하는 말에 얼마나 다양한 속뜻이 있겠는가. 평소 단어가 가진 사전적인 의미를 꾸준히 공부하고 말 습관을 올바르게 가져서 세상을 살아가며 나에게도 상대에게도 아름다운 말을 하는 습관을 가지는 것이 좋겠다.

- 솔직한 말

너무 솔직하게 말할 필요는 없다.

너무 솔직하게 말하면 상대에게 상처를 줄 수 있다. 솔직하지 말라고 하여 진실하지 말라는 것과 헷갈릴 필요는 없다. 솔직함과 진실함은 다른 것이다. 상대를 대함에 있어 늘 진실하게 대하는 것이 좋다. 하지만 지나친 솔직함으로 상대에게 상처를 줄 수 있는 말은 삼가는 것이 좋다. 이는 내가 살아오며 저지른 많은 실수 중 하나이다. 나는 내가 솔직한 사람이라는 생각을 하며 거기에 부합하게 살기 위해 상대에 대한 말도 무척이나 솔직하게 하여 더러 상처를 준 적이 있다. 물론 거짓말을 하지 않는 것은 중요하다. 그러나 상대에게 하지 않아도 될 말을 지나치게 솔직하게 해서 상처를 주는 경우가 발생할 수 있다. 말을 할 때는 이 말을 하는 것이 나에게도 상대에게도 이득인지 손해인지를 잘 따져보아야 한다. 때로는 너무 솔직한 것이 독이 될 수도 있다. 나는 솔직하다고 생각해서 말하지만 그것이 상대의 아킬레스건을 건드리는 일이 될 수도 있으니 살아가며 너무 솔직하게 이야기할 필요는 없다.

모든 사람에게 좋은 사람이 될 필요는 없다. 그렇게 살고자 해도 그렇게 살기 힘든 법이다. 세상에는 나를 좋아하는 사람도 있지만 싫어하는 사람도 있다. 나의 모습과 언행에 문제가 있어 상대가 나를 싫어하는 것은 어찌할 도리가 없다. 그러나 지나친 솔직함으로 불필요한 말을 하여 상대에게 상처를 주어 일부러 멀어지게 만들 필요는 없다. 늘 말을 할 때는 나의 이런 솔직함으로 상대가 상처를 받지는 않을지 생각해 볼 필요가 있다.

'나는 솔직한 사람이야.', '나는 거짓말 못 해.', '나는 숨김이 없어.' 이런 생각으로 합리화하며 솔직함이라는 굴레에 빠져서 헤어 나오지 못하는 오류를 저지르지 않도록 조심하자. 사람은 '스스로에게' 솔직해야 한다. 그리고 스스로에게 엄격할 필요가 있다. 그러나 솔직함이라는 단어를 잘못 이해하여 타인에 대한 지적질의 수단으로 삼는 것은 조심해야 한다.

모르는 게 약이라는 말이 있다. 때로는 알지 않아서 좋은 것이 있다. 모든 것을 다 알려고 해서 문제가 생긴다. 모든 것을 다 알면 좋은 일보다 괴로운 일이 많이 생길 수 있다. 상대가 알고 싶어 하지 않는 것들은 굳이 알려주려고 노력하지 말고 차라리 모른 척해주는 것이 좋다. 그것이 오히려 상대에게 줄 수 있는 또 하나의 좋은 배려가 될 수 있다. 너무 솔직하게 말하면 상대에게 상처를 줄 수 있다.

- 가벼운 말

가볍게 말해서는 안 된다.

말은 무거울수록 좋은 법이다. 말이란 것은 내뱉고 나면 이내 날아가 버린다. 특히 가볍게 하는 말은 더욱 쉽게 날아가 버리니 말을 할 때는 한 번 더 생각해 보는 것이 좋다. 내가 생각 없이 내뱉은 가벼운 말은 나를 가벼운 사람으로 만들 것이다. 그로 인해 주위 사람들에게는 가벼운 사람이라는 이미지로 인식될 것이다. 사람들은 본디 타인을 평가하는 것을 즐긴다. 하물며 그것이 상대의 단점이라면 쉽고 빠르게 판단하여 결정 내리기가 무척 쉽다. 그러니 마음에서 우러나오는 진중鎭重한 말로 상대의 신뢰를 얻을 수 있도록 하는 것이 좋다. 쉽게 내뱉은 말은 쉽게 날아가 상대에게 상처를 줄 수 있지만 삼킨 말은 내 마음에 남아 좋은 밑거름이 된다. 그렇게 쌓인 밑거름은 잘 숙성되어 이후 성숙한 말 한마디로 재탄생 할 것이다. 타인에게 비수가 될 수 있는 내 마음에 남긴 그 말들을 반면교사反面教師 삼아 늘 말의 무서움을 기억하는 것이 좋다.

말이 적을수록 좋다지만 좋은 말은 많이 해도 괜찮다. 나의 한마디로 상대를 기쁘게 해줄 수만 있다면 그러한 말은 되도록 많이 하는 것이 좋다. 그로 인해 상대의 하루가 기쁨으로 충만한 날이 될 수 있으니 말이다. 하지만 상대는 그것이 나의 진심 어린 말인지 아니면 감언이설甘言利說인지 쉽게 알아차릴 수 있으니 늘 진심이 담긴 말을 하는 습관을 가져야 한다.

한마디 말로 사람을 죽이고 살리는 법이다. 총과 칼보다 더 무서운 것이 바로 입에서 나오는 말이다. 늘 말의 무서움을 생각하고 가볍게 말하기 전 다시 한번 생각하는 습관을 가지는 것이 좋다.

- 나쁜 말

욕을 삼가는 것이 좋다.

인격이 바닥을 칠 것이다. 카페에서 글을 쓰다 보면 주위에서 하는 말들을 자연스레 듣게 된다. 정치 이야기, 집안 이야기, 업무 이야기 등 강제적으로 많은 말들을 듣게 된다. 보통은 곁에 사람이 앉으면 귀에 이어폰을 끼고 조용한 음악을 틀어놓고 글을 쓴다. 그런데 가끔은 그들의 이야기를 듣고 싶을 때가 있어서 가만히 귀를 기울일 때가 있다. 일상적인 대화라면 모르겠지만 대화의 90% 이상이 욕이 섞인 말이라면 귀를 더럽히고 싶지 않아서 다시 조용히 이어폰을 낀다. 젊은이라면 그나마 이해가 간다. 하지만 흰머리가 희끗희끗 난 중장년의 나이임에도 불구하고 욕이 대화의 대부분을 차지한다면 그가 어떠한 삶을 살아왔는지 미루어 짐작할 수 있다. 그의 인격이 어떠한지도 어느 정도 알 수 있다. 말은 곧 그의 품성을 나타내고 인격을 나타낸다. 그러니 평소 욕하는 것을 삼가고 바르고 좋은 말을 하는 습관을 가지는 것이 좋다.

욕은 말로 하는 폭력이다. 아이는 부모의 등을 보고 자란다고 하는데 내 자식들이 보고 자란 아비의 뒷모습이 욕을 하는 올바르지 않은 모습이면 부끄럽기 그지없을 것이다. 그러니 올바르고 아름다운 말을 하는 습관을 가지는 것이 좋다. 겉으로 내면으로 스스로를 갈고닦는 노력이 필요하다.

욕을 유머의 소재로 삼는 것도 삼가야 한다. 정신건강에 좋을 것이 하나도 없다. 가끔 욕을 유머의 소재로 삼고 깔깔거리며 웃는 경우가 있다. 아무리 재미있다고 할지라도 욕은 욕일 뿐이다. 그것을 유머의 소재로 삼고, 그것으로 인해 즐거운 시간을 보내는 것은 저질스러운 일 가운데 하나다. 살아가며 욕을 삼가고 올바르고 좋은 말을 하는 습관을 만들어 부디 품격 있는 사람이 되도록 노력해야 할 것이다. 품격은 저절로 주어지는 것이 아니다. 끊임없는 노력과 자기 성찰을 통해 만들어지는 것이다. 올바르고 품격 있는 사람으로 살아가기 위해서는 평소 생활습관을 올바르게 하는 노력을 게을리하지 말아야 한다.

욕을 삼가라. 인격이 바닥을 칠 것이다. 늘 올바르고 좋은 말을 하는 습관을 들여 스스로의 품격을 높이도록 노력해야 한다.

4

익숙한 것과의 결별

새해를 맞이하여 마음가짐과 행동을 새롭게 하여야 한다. 나는 어릴 적 새해를 맞을 때마다 일 년 동안 공부할 과정을 미리 계획해 보곤 했다. 무슨 책을 읽고 어떤 글을 뽑아서 적어야겠다는 식으로 미리 작정을 해 놓고 늘 그렇게 실천하곤 했다. 때로는 몇 개월 못 가서 사고가 발생해 계획대로 되지 않을 때도 있었지만, 아무튼 좋은 일을 행하고자 했던 생각이나 발전하고 싶은 마음은 없어지지 않아 많은 도움이 되었다.

– 다산의 편지 中

익숙한 것과 결별해야 한다.

자칫 익숙한 것에 속아 새로운 것들을 만날 기회를 놓칠 수 있다. 구본형 저자의 『익숙한 것과의 결별』이라는 책 제목과 같이 익숙한 것과 결별할 필요가 있다. 사람은 익숙한 것에 쉽게 젖어들기 마련이다. 반대로 새로운 것은 마주하기 두려워한다. 익숙한 것은 편안한 것이라는 공식이 성립되어 있기 때문이다. 어느 누가 익숙한 것의 편안함과 편리함을 모르겠는가. 하지만 익숙함은 사람을 안주하게 만들고 안주하면 결국 도태되기 마련이다. 익숙하고 편안한 삶 속에서 누리는 많은 것들이 나의 발전을 저해沮害할 수 있다. 그러니 가끔은 익숙한 것과 결별하는 연습을 할 필요가 있다.

그리스의 철학자 헤라클레이토스는 말했다. "같은 강물에 발을 두 번 담글 수 없다." 그는 세상 만물은 흐르고 있으며 단 한순간도 멈출 수는 없다고 했다. 마치 같은 강물처럼 보일지라도 처음 발을 담갔을 때의 물은 이미 흘러가버리고 없기 때문에 똑같은 강물이 아니라는 의미다. 세상 만물이 한순간도 쉬지 않고 흐르고 변화하고 있다. 그 변화의 흐름을 거스를 수 없다면 세상이 이끄는 대로 따라갈 것이 아니라 능동적인 변화를 추구해야 할 필요가 있다. 능동적인 변화의 시작은 익숙한 것과의 결별에서부터다.

새로운 것을 찾아 끊임없이 탐구하는 습관을 가지는 것이 좋다. 열매는 새로운 가지에서 열리는 법이다. 새로운 것은 새로운 관계로부터 비롯된다. 새로운 인연을 통해 새로운 일이 일어날 확률이 높다. 매번 만나는 사람과 그렇고 그런 이야기를 반복적으로 하는 것보다 새로운 사람들을 만나 새로운 이야기를 나누는 것이 좋다. 비단 이뿐만 아니라 우리 생활습관에 젖어있는 또 다른 익숙한 것들을 버리는 연습이 계속해서 더 필요할 것이다.

우리는 평소에 자신이 하는 일과 관련된 사람들을 많이 만나며 살아간다. 내가 가방을 만든다면 가방을 만드는 사람들을 만날 것이고 내가 사업을 한다면 주위에 사업을 하는 사람이 넘쳐날 것이다. 골프를 친다면 골퍼들이 있을 것이고 책을 쓴다면 작가와 강사가 주위에 늘 함께할 것이다. 술을 즐기면 그의 곁에는 술꾼들이 함께할 것이고 독서를 즐기는 사람들의 곁에는 책을 사랑하는 이들이 함께할 것이다. 세상은 이렇듯 끼리끼리 만나 어울리는 것이다.

좋은 사람을 만나고 싶다면 좋은 모임을 가져야 한다. 운동을 포함하여 내가 살아가면서 인생을 즐길 수 있는 좋은 취미를 만들어 보자. 취미를 통한 새로운 모임을 시작해보는 것이 좋은 방법이다. 이를 통해 좋은 인연을 만나고 스스로가 성장하는 계기가 될 수 있다. 서로의 이해관계를 떠나 만나는 것만큼 홀가분하고 편한 관계도 드물다. 학창시절의 인연이 평생 갈 수도 있지만 좋은 모임을 통해 사회에서 만나는 사람들이 평생의 인연이 되는 경우도 많다. 그러니 새로운 모임을 통해 좋은 사람들과 함께 어울려보자. 내가 직접 만든 모임이어도 좋고 부지런한 누군가가 이미 만들어 놓은 모임이어도 좋다. 관계의 중심에 내가 있는 것도 좋을 것이나 주변인으로 머물며 그저 마음이 맞는 사람들과 함께 무언가를 한다는 것만으로도 내 삶에 많은 도움이 될 수 있다. 좋은 모임을 통해 좋은 인연을 만나고 또 스스로가 성장하는 계기가 될 수 있다.

너무 많은 모임은 피하는 것이 좋다. 살다 보면 주객이 전도되는 경우가 종종 있다. 너무 많은 모임은 삶을 피폐하게 만들 수가 있으니 모임의 수는 적당히 유지하는 것이 좋다. 하루도 빠지지 않고 모임에 참석하고 심지어는 하루에도 몇 개씩의 모임에 참석하는 사람들도 있다. 항상 나와 내 가정을 우선시하고 적정선에서 모임을 갖는 것이 좋다.

책 또한 마찬가지다. 익숙한 책과 결별하는 것이 좋다. 명확히 말하자면 조금 불편한 책을 읽어야 한다. 항상 나에게 익숙한 책, 읽고 싶은 책만 읽으면 사람의 지식이 늘 한자리에서 머물게 된다. 내가 읽고 싶은 책만 읽는 것에서 벗어나야 한다. 불편하지만 읽을 필요가 있고, 읽어야만 하는 책들을 접해보자. 내 지식의 한계를 깨고 더 넓은 사색의 바다로 나아갈 수 있을 것이다. 사람이 살아가며 하고 싶은 것만 하고 산다면 참 좋을 것이다. 하지만 그렇게만 살아간다면 발전이 없다. 때로는 하기 싫지만 나의 발전을 위해서 귀찮음과 싫음을 무릅쓰고 해야 할 필요가 있다. 그런 상황이 와서 마지못해 하는 것이 아니라 평소 자의自意에 의해서 연습해 나갈 필요가 있다. 책도 생활도 인간관계도 익숙한 것에서 벗어나 새로운 것을 추구한다면 뜻밖의 선물이 찾아올 수 있다. 그러니 평소 꾸준히 연습해 나가는 것이 좋다. 매너리즘에서 비롯되는 손실은 생각보다 큰 법이다.

무조건 익숙한 것을 배척하라는 말이 아니다. 이분법적인 사고방식을 멀리하고 현명하게 생각하는 습관을 지녀야 한다. 무엇이든 익숙해지면 소중함을 잊기 마련이다. 익숙한 것과 소중한 것은 별개로 생각해야 한다. 그럼에도 불구하고 대부분의 사람들은 그것을 혼동하고 있다. 익숙하다고 하여 소중하지 않은 것이 아니고, 소중하다고 하여 꼭 익숙한 것도 아니다. 평소 자주 왕래하는 지인들과 사랑하는 가족, 그리고 내가 아끼는 물건들이 전자가 될 것이다. 가끔 만나는 지인들과 아껴두고 가끔 사용하는 익숙하지 않은 물건과 같은 것들이 후자가 될 것이다. 익숙한 것은 익숙한 대로 소중한 것은 소중한 대로 필요에 따라 그 가치를 인정하고 지켜나가자. 익숙한 것과 무조건 결별하라는 말이 아니다. 익숙한 것과 결별을 '해야 할 필요도' 있다는 것이다. 이를 참고하여 현명하게 생각하고 판단할 필요가 있다.

예부터 장은 묵을수록 좋고 사람은 오래될수록 좋다고 했다. 그러니 익숙한 것과의 결별 속에 오래된 인연과의 결별은 굳이 포함하지 않아도 좋다.

자칫 익숙한 것에 속아 새로운 것들을 만날 기회를 놓칠 수 있으니 늘 새로운 관점으로 세상을 바라보고 생각하고 행동하는 것이 좋다.

5
금주에 가까운 절주를 해야 한다

지난번에 너의 형이 왔을 때 시험 삼아 술 한 잔 마시게 했더니 취하지 않더구나. 그래서 동생인 너의 주량은 얼마나 되느냐고 물었더니 너는 형보다 배도 넘는다고 하더구나. 어찌 글공부에는 아비의 버릇을 이을 줄 모르고 주량만 훨씬 아비를 넘어서는 것이냐? 이거야말로 좋지 못한 소식이구나. 진정으로 술맛이란 입술을 적시는 데 있다. 소 물 마시듯 마시는 사람들은 입술이나 혀에는 적시지도 않고 곧장 목구멍에 다 탁 털어 넣는데 그들이 무슨 술맛을 알겠느냐? 술을 마시는 정취는 살짝 취하는 데 있다. 얼굴빛이 홍당무처럼 붉고 구토를 해대고 잠에 곯아떨어져 버린다면 무슨 술의 정취가 있단 말이냐? 자고로 술 마시기 좋아하는 사람은 질병이 많고 돌연사하기가 쉽다. 술독(酒毒)이 오장육부에 스며들어 하루아침에 썩어 문드러져서 온몸이 망가져버린다. 그러니 이 아비가 너에게 빌고 또 빈다. 학유야. 제발 술을 끊고 입에도 대지 마라.

– 다산의 편지 中

금주에 가까운 절주를 해야 한다. 지나친 음주는 삶을 피폐하게 만든다. 이는 인생을 살아오며 내가 실천하지 못한 가장 큰 잘못 중 하나이다. 나의 부끄러운 고백이다. 부디 너그러운 마음으로 읽어주기를 바란다.

술이 인간관계를 부드럽게 만들어준다는 말에는 이견이 없다. 하지만 그것은 사람을 만나는 것에 적당한 양의 술을 곁들인다는 것을 의미하지 과음을 하라는 말이 아니다. 당연한 말이겠지만 과음을 하면 반드시 실수를 하게 된다. 또한 우리 삶에서 소중한 시간을 잃어버리게 된다. 술을 마신 후 블랙아웃으로 전날의 일이 기억나지 않을 수도 있다. 숙취에 시달리며 다음 날이 무척이나 힘들어질 수 있으니 부디 과음은 삼가는 것이 좋다.

술을 좋아하는 나는 술로 인한 실수를 많이 했다. 다시 한번 말하지만 면목이 없고 부끄럽기 그지없다. 쓰지 않아도 될 돈을 쓰고 만나지 않아도 될 사람들과 어울렸다. 낭비하지 않아도 될 시간을 낭비하였고 하지 않아도 될 실수를 하여 스스로와 주위에 상처를 많이 남겼다. 돌이켜 생각해보아도 참으로 한심한 시간을 많이도 보냈다.

좋은 사람과의 즐거운 만남이 가벼운 술 한 잔과 함께하는 것이라면 어찌 기쁘지 아니하고 즐겁지 아니하겠는가. 하지만 술이란 것이 참으로 오묘하고 또 오묘한 것이라 한 잔이 두 잔이 되고 두 잔이 한 병이 되어 금세 몇 병으로 늘어나는 것은 순식간이다. 그러니 과음하는 것을 막기 위해서는 주량을 정확히 알고 주량 이상의 술은 마시지 않는 것을 철칙으로 삼고 이를 마땅히 지키면 큰 실수는 하지 않는다. 이것을 삶의 철칙으로 삼고 살아가면 흐트러짐이 없을 것이다.

술로 인해 발생하는 문제의 대부분은 과음으로 인해 나타나는 문제라고 봐야 할 것이다. 무엇이든 적당히만 한다면 문제 될 것이 뭐가 있겠는가? 하지만 살아가며 지키기 힘든 것 중 하나가 바로 그 '적당히' 하는 것이다. 욕심도 적당히, 술도 적당히 하며 살아간다면 큰 문제가 없을 것이나 사람인지라 '적당히'를 지키기가 참으로 힘이 든 법이다. 이는 평소 자기 자신을 절제하는 삶의 습관을 꾸준히 실천해 나가며 자리 잡도록 만들어야 할 것이다.

또한 술을 마시더라도 의미 없는 술자리는 가급적 갖지 않는 것이 좋다. 지나고 보면 기억에 남는 술자리는 별로 없다. 많은 사람들이 그저 사람이 좋고 술자리 분위기가 좋아서 마신다고는 하지만 사실은 술을 함께 마실 술친구가 필요했던 것이 아닌가 하는 생각이 든다. 사람이 좋아 술이 곁들어져야지 술을 마시기 위한 목적으로 아무나와 함께 술자리를 하는 것은 반드시 피해야 한다.

금주에 가까운 절주를 하며 가급적 맑은 정신으로 내 삶을 마주하자.

오기로 마시고, 밤새워 마시고, 골라서 마셔도 남는 것은 돈 써가며 병을 얻는 것뿐이다.

〈술타령〉

어른들은 마시지 마라 하고
돈 있어도 살 수는 없네
맛도 없고 쓴맛 나도 오기로 마셨다
나의 10대 술타령이다

마음껏 사서 마셨다
아가씨 만나면 사랑의 묘약
개똥철학을 논하며 밤새워 마셨다
나의 20대 술타령이다

마시자 우리의 청춘을 위하여
마셔라 사라지는 사랑을 위해
건배 건배 건배 또 건배
건배 건배 또 건배

어른들은 술을 권하고
넘쳐 나는 가객(佳客)이 안주다
소주 맥주 양주 막걸리 골라서 마셨다
나의 30대 술타령이다

세상이 술을 권하고

멈추고 싶어도 멈추지 못하고

후회하고 또 후회하고 돈 써가며 병이나 얻고

나의 40대 술타령이다

– 밴드쵸 3집 《길》 앨범 수록 곡

6
유혹에 빠지지 마라

세상에 두 가지 큰 기준이 있다. 하나는 옳고 그름, 즉 시비(是非)를 따지는 기준이다. 다른 하나는 이로움과 해로움, 즉 이해(利害)를 따지는 기준이다. 이 큰 두 가지 기준은 다시 네 가지로 나눌 수 있다.
첫째, 옳음을 지켜서 이익을 얻는 등급
둘째, 옳음을 지키지만 해로움을 당하는 등급
셋째, 그른 것을 좇아서 이익을 얻는 등급
넷째, 그른 것을 좇아서 해로움을 떠안는 가장 낮은 등급
지금 나를 모함하여 귀양을 보냈던 자들에게 아부를 떨어 귀양의 고통을 덜어내라고 하는 것이냐? 그것은 그른 것을 좇아서 이익을 구하는 세 번째 등급을 행하라는 것이다. 그러나 결국은 그른 것을 좇아서 해로움을 당하는 최하등급으로 떨어지고 말 것이다. 그러니 내가 어찌 그렇게 할 수 있겠느냐?

– 다산의 편지 中

유혹에 빠지지 마라.

아름다운 꽃에는 가시가 있는 법이다. 인생은 온갖 유혹투성이다. 아름답고 화려하지만 치명적인 유혹들이 언제나 주위에 도사리고 있다는 것을 명심해야 한다. 이성과 돈, 술과 마약 등 온갖 것들의 유혹이 늘 우리 주위에 도사리고 있다. 유혹이 나에게 다가올 경우에는 잠시 멈추어 서서 두 가지만 생각해보자. 만약 이 모습을 훗날의 내가 바라본다면 어떤 생각이 들까? 내 부모와 자식들이 이 모습을 본다면 과연 어떠할지를 생각해본다면 유혹을 이겨낼 수 있는 하나의 좋은 방편이 될지도 모른다.

지금 당장 삶이 힘들어 어찌할 방법이 없어 보일지라도 시간이 지나 돌이켜보면 아무것도 아닌 경우가 대부분이다. 이것은 진실이다. 시간이 지나면 웃으며 회상할 수 있다. 마찬가지로 지금 당장 유혹에 넘어가 한순간 쾌락을 즐기고 싶더라도 지나고 보면 그 또한 아무것도 아니었고 헛되고 헛되었음을 깨닫는 순간이 반드시 온다. 세상에 이겨내지 못할 만큼 힘든 것은 없다. 신은 우리가 견딜 수 있을 정도의 고난만 준다. 유혹 또한 마찬가지다. 내가 지나치지 못할 정도로 치명적인 유혹은 세상에 없다. 정신을 똑바로 차리고 그 순간을 잘 관망하기를 바란다. 지금 내 상황에서 한걸음 떨어져 바라본다면 살아가며 마주치는 많은 유혹으로부터 자유로울 수 있을 것이다.

가장 위험하게 생각해야 하는 것이 바로 이성에 대한 유혹이다. 여자와 남자가 서로를 잘못 만나면 이는 패가망신하는 지름길이다. 하물며 배우자가 있음에도 한눈을 팔고 이성의 유혹에 넘어가버린다면 돌이킬 수 없는 결과를 초래한다. '순간의 선택이 평생을 좌우한다.'는 말이 있다. 좋은 것을 고르기 위해 해야 하는 선택이라면 그나마 다행일 것이다. 하지만 나쁜 것을 걸러내기 위해 해야 하는 선택이라면 망설임이 없어야 한다. 만에 하나 망설여지는 순간이 온다면 일 년 후의 나를… 아니 한 달 후의 나를 떠올려보자. 지나고 보면 참으로 부질없고 부질없는 짓이다.

사람은 누구나 유혹에 흔들리기 쉽다. 나 홀로 독야청청獨也靑靑 하려고 해도 가만히 놔두지를 않는다. 나 역시도 세상을 살아오며 많은 유혹에 시달렸다. 이성의 유혹, 돈의 유혹, 술의 유혹이 나를 무척이나 괴롭혔다. 지금 돌이켜 생각해보면 그 유혹들이 나를 강하게 만들었고, 인생의 진정한 가치를 찾을 수 있게 도와주는 좋은 밑거름이 되었다.

다산이 알려준 시비와 이해를 따지는 기준을 떠올리며 세상을 살아가며 해야 할 것과 하지 말아야 할 것을 네 가지로 구분해보자. 해서 좋은 것과 해서 좋지 않은 것 그리고 하지 않아서 좋은 것과 하지 않아서 좋지 않은 것을 생각해 보자. 어떤 상황에서 어떤 것을 해야 할지, 하지 않아야 할지를 잘 판단해야 할 것이다.

유혹에 빠지지 마라. 아름다운 꽃에는 가시가 있는 법이다. 유혹에 넘어가 나의 명성과 자존심을 잃지 않도록 조심해야 할 것이다.

단, 책의 유혹만은 예외로 하자.

7
공공재를 절약하라

검소한 직분에 온 힘을 다하고 분수에 맞추어 도리를 지키며 일거리를 줄여 경비를 절약한다면 너는 아마도 집안을 보전하는 훌륭한 큰아들이 될 수 있을 것이다. 심는 대로 거두리라. 검소함이란 무엇이겠느냐? 옷은 몸을 가리기 위해서 입는다. 얇고 해진 것은 만고에 처량한 기운을 띠게 된다. 굵은 베옷은 두툼하고 넉넉해서 비록 해져도 문제 될 것이 없다. 매번 옷 한 벌 지을 때마다 모름지기 이후에도 계속 입을 수 있는지를 생각하라. 만약 안 된다면 장차 얇아져서 해지게 될 것이다. 생각이 여기에 미친다면 촘촘한 베를 버리고 성근 베를 취하지 않을 자가 없으리라. 부지런히 노력해도 검소함이 없으면 소용이 없다. 검소함은 아끼고 절약하는 정신이다. 한 번 쓸 것을 여러 번에 나누어 쓰고, 혼자 쓸 것을 함께 쓴다. 먹고 입는 데 호사를 부리는 것처럼 어리석은 일이 없다. 육신의 배고픔보다 영혼의 허기를 부끄러워하라.

― 다산의 편지 中

내 것이 아니라고 함부로 낭비하면 안 된다.

내 것이 소중하면 남의 것도 소중하게 생각해야 된다. 그것이 이치에 맞다. 내 시간이 귀하면 남의 시간도 귀하고 내 돈이 귀하면 남의 돈도 귀한 줄 알아야 한다. 공공 화장실에서 양치질을 할 때 물을 틀어놓고 낭비하는 사람과 손을 씻고 난 후에 휴지를 몇 장씩이나 뽑아 쓰는 사람을 본 적이 있다. 누구는 그것을 보고 가정교육의 부재不在라고 말한다. 아마도 절약하는 마음이 몸에 익지 않아서 공공재公共財, public goods를 함부로 낭비하는 것일 수도 있다. 공공재라는 것은 모두가 함께 사용하는 것인 만큼 아껴 쓰고 절약할 필요가 있다. 내 것이 아니라고 하여 함부로 사용하는 습관은 좋지 않다. 좋지 않은 습관은 처음부터 가지지 말고, 이미 가지고 있다면 빨리 버리는 것이 좋다. 나쁘게 길들여진 습관은 고치기 힘드니 애초에 좋은 습관을 가지는 것이 살아가며 시간을 절약할 수 있는 좋은 방법이다.

예전에 어느 큰스님께서 외국에 나갈 일이 있었다. 공항 화장실에서 볼일을 보고 있는데, 밖에서 누군가가 휴지를 뽑는 소리가 들렸다. 한두 장이면 충분할 텐데 한참 동안이나 휴지를 뽑는 소리를 들으며 '이 나라에 망조가 들었구나.'라고 생각하셨다. 나도 그 말에 무척이나 공감을 한다. 내 것이 아니라고 하여 아무렇게나 낭비하는 행태를 보이는 그의 일상이 어떠할지 미루어 짐작해 볼 수 있다. 혹시 또 모를 일이다. 본인의 것은 내가 벌어서 쓰는 것이니 무척이나 아까워하며 근검절약을 할지, 아니면 그것보다 더 값어치 없게 쓸지 아무도 모를 일이다. 전자가 되었건 후자가 되었건 비록 내가 벌어서 사 쓰는 물품들이라 할지라도 늘 아껴서 사용하는 습관을 가지는 것이 좋다. 낭비하는 것보다 아끼는 것이 좋다는 것은 삼척동자도 다 아는 일이다.

세상에 스스로 얻는 성공이란 없다. 지금 내 삶은 혼자만의 힘으로 만들어진 것이 아니다. 내 눈에 보이건 보이지 않았건 간에 많은 사람의 도움이 지금의 내 삶을 만들었다. 그것을 항상 명심해야 한다. 그렇게 생각한다면 세상을 내 마음대로 살아가는 일을 미연에 방지할 수 있다. 또한 나의 재능을 포함해 내가 가진 것을 어떤 식으로든 이 사회에 환원할 필요가 있다는 것을 생각하며 살아야 한다. 가진 것을 나누기 이전에 공공재를 절약하는 것으로부터 그것을 시작하면 된다. 내가 벌어서 사 쓰는 물품이라고 함부로 낭비한다면 공공재는 더욱 값어치 없게 사용할 것이다. 그러니 한 장의 휴지와 한 방울의 물을 절약하는 습관부터 가지는 것이 좋다. 불필요한 전력은 낭비하지 말고 늘 꺼두는 습관을 갖자. 개개인의 그런 사소한 습관들이 모여 큰 결과를 만들어낸다. 꼭 사회적으로 성공하고 이름을 널리 알려야만 성공한 삶을 산 것이 아니다. 사소한 것을 아끼고 기본을 실천하는 삶을 살아가는 것이야말로 주위에 올바른 삶의 모습을 보여주는 멋진 성공의 시작이다.

사람은 하나를 보면 열을 알 수 있다. 공공재를 절약하지 않고 아무렇게나 사용하는 사람들을 지켜보라. 가까이 할 것인지 말 것인지는 스스로 판단하면 된다. 잘못 길들여진 습관일 수도 있고, 무지無知로 나타나는 습관일 수도 있다. 알려주어 고칠 수 있다면 그 또한 상대의 복일 것이나 타인의 삶에 함부로 개입하는 것은 늘 조심할 필요가 있다. 쓸데없는 잔소리나 괜한 오지랖으로 생각하여 시빗거리가 될 수도 있으니 말이다.

우선 나 스스로부터 공공재를 절약하는 습관을 만들어보자. 공익公益을 실천할 수 있는 작은 시작이 될 것이다.

8
유행을 따르기보다는 전통을 만들어라

시는 밥이 아니니 없어서 안 될 물건은 아니다. 그렇다면 시는 왜 쓰는가? 시를 쓰면서 제 마음을 어루만지고 세계와 소통하고, 삶의 눈을 더 깊게 만들어주기 때문이다. 시가 세상에 없어서는 안 될 까닭이 여기에 있다. 그런데 세상의 시인들이 짓는 시를 보면 전혀 그렇지가 않다. 아무것도 아닌 일상의 시시콜콜한 잡사를 과장하고, 남의 눈을 놀래고 정신을 어지럽게 하는 표현에만 힘쓴다. 더 자극적인 표현을 못 써서 안달하고 유행과 인기에 예민해서 시속의 조류에 따라 이리저리 몰려갔다 몰려온다. 기교만 부릴 줄 알지 그 안에 담아내야 할 깊고 높은 정신에 대해서는 거들떠보지도 않는다. 조선 사람들이 연경에 가서 제가 지은 시문집에 서문을 받아 돌아오는 것이 한때 유행을 이루었던 적이 있었다. 중국 사람과 방불한 시문을 들고 가면 그들은 고개를 끄덕이며 제법 애썼네 하는 표정을 짓고, 슬며시 얼굴 한편에 경멸하는 빛을 띠었다.

— 다산의 편지 中

- 유행을 따르지 마라

남들 장에 간다고 거름 지고 따라나서면 안 된다.

유행은 일시적인 것이니 유행을 좇지 마라. 유행을 만든다는 것은 어려운 일이다. 그러나 가급적 유행을 따라가지 말고 유행을 선도하는 사람이 되도록 노력해보자. 당연한 말이겠지만 인생은 한 번뿐이다. 그러니 남의 인생을 사는 것이 아니라 나의 인생을 만들어가는 것이 좋다. 내가 늘 유행을 좇는다면 남의 인생을 모방하여 사는 것과 다름이 없다. 유행은 언젠가 지나가는 것이다. 하지만 나만의 철학과 사상은 영원히 남는다. 그러니 늘 사색과 책을 가까이하며 나만의 철학을 만들어 가는 것이 좋다.

그렇다고 해서 유행에 너무 둔감할 필요도 없다. 유행이라는 것은 세상의 흐름이다. 세상의 흐름을 알되 그것을 맹목적으로 좇지 말라는 뜻이니 이를 별개의 것으로 두고 잘 판단해 볼 필요가 있다. 훌륭한 사상思想은 세월이 흐를수록 빛을 발한다. 세월이 한참 지나도 변하지 않고 오히려 빛이 나는 선대先代의 사상을 생각해보면 답은 자명自明하다. 공자와 맹자의 사상이 그러하고 소크라테스나 플라톤의 사상도 다르지 않다. 남이 짜놓은 판에 놀아나지 말고 내 인생을 위한 나만의 판을 짜도록 노력하는 것이 좋다.

늘 자신만의 철학을 생각하고 살아가야 한다. 물론 나의 철학과 고집은 엄연히 다른 것이다. 이 둘은 비슷해 보이지만 확연히 다르니 결코 이것을 혼동하지 말아야 한다. 내 삶에 철학 한 스푼 더하고 내 생활 속 쓸데없는 고집은 두 스푼 덜어내어라. 다시 한번 말하지만 삶의 철학과 쓸데없는 고집은 엄연히 다르니 이 둘을 잘 가리어 현명하게 살아가야 한다.

피에로처럼 세상의 유행만 좇아 다니다 시간을 낭비하지 않기를 바란다. 부디 세상의 흐름과 변화를 민감하게 받아들이는 것을 소홀히 하지 말고, 또한 그것에 휘둘리는 것도 항상 조심하여야 한다. 세상은 결코 만만한 것이 아니다. 이 글을 읽고 이러지도 저러지도 못한다는 생각을 가지기보다는 이런 선택과 저런 선택이 주어지니 행복하다 생각하며 둘 사이에서 많은 고민을 하기 바란다. 사색하는 것을 습관화하는 것이 좋다. 또한 매일 자신을 돌아보는 습관을 가지기를 바란다. 매일 나 자신을 돌아본다는 것은 지극히 당연한 일이니 습관처럼 행하는 것이 좋겠다.

- 전통을 만들어라

나만의(우리 집만의) 전통을 만드는 것만큼 의미 있는 일도 드물다. 내가 어린 시절 학교를 가는 시간이면 아버지께서는 내 누나에게 늘 말씀하셨다.

“길”

“차사”

아버지가 "길"이라고 하면 누나는 "차사"라고 대답을 했다. 그것은 '길 조심'과 '차 조심', '사람 조심'을 줄여서 부르는 말로서 어린 시절부터 집의 전통으로 자리 잡았다. 어디를 가든 그것은 아버지와 누나의 암묵적인 인사말이 되었다. 따지고 보면 길 조심과 차 조심, 사람 조심을 하는 것만큼 중요한 것이 어디 있겠는가. 사소한 것이지만 우리 집만의 전통을 만든다는 것은 참으로 가치 있는 일이라 할 수 있다.

나도 우리 집만의 전통으로 만든 것이 있다. 아침저녁으로 아이들이 부모인 나에게 다가와 꼭 안아주고 입 맞춰주며 내가 "사랑한다."고 말을 하면 아이들이 "안녕히 주무세요.", "안녕히 주무셨습니까."라고 말하는 것이다. 이것은 어느새 우리 집의 의미 있는 전통으로 자리 잡게 되었다. 십오 년 넘는 시간 동안 계속 습관처럼 해온 것이라 어느 순간부터 한 번이라도 하지 않으면 오히려 어색하게 되었으니 우리 집의 전통이라고 해두어도 이상하지 않겠다. 이처럼 사소한 것이지만 집안의 전통을 하나씩 만들어간다면 가족 간의 화목과 행복은 더불어 따라올 것이다.

전통이라고 하여 꼭 예로부터 전해 내려온 오래된 것만을 고수固守할 필요는 없다. 때로는 그 전통이 안 좋은 관습으로 남아있는 경우도 있다. 그리고 버려야 할 전통을 너무 오랫동안 해왔기 때문에 그저 무의식적으로 습관처럼 행해나가는 경우도 있다. 나만의 새로운 전통을 만들어보는 것도 무척이나 의미 있는 일이 될 것이니 내 가족의 좋은 전통을 하나씩 만들어 가보자.

하루는 딸아이가 버릇없이 굴었던 적이 있다. 그래서 일주일 동안 조석朝夕으로 절을 하는 문안 인사를 시킨 적이 있다. 아빠와 엄마가 거실 소파에 앉아 있으면 딸아이가 큰절을 하며 "안녕히 주무세요.", "안녕히 주무셨습니까."라고 한 후 다가와 입을 맞추고 안아주면 "그래. 따뜻하게 하고 잘 자렴. 사랑한다.", "그래. 밤새 잘 잤나? 오늘도 좋은 하루 되렴. 사랑한다."라는 말을 하며 일주일 동안 그리한 적이 있었다. 이 또한 집안의 좋은 전통으로 자리매김할 수 있었으나 너무 고리타분한 것 같기도 하고, 독창성이 떨어져서 그 시간을 통해 예의범절을 조금이나마 배웠길 바라며 일주일만 하고 그만두었다. 행동의 차이일 뿐 대다수의 자녀가 부모에게 아침저녁으로 말로써 하는 문안 인사와 별다른 차이는 없다.

부모는 자식이 아무리 나이가 들어도 노심초사勞心焦思할 수밖에 없으니 밖을 나갈 때는 늘 행선지와 돌아오는 시간을 알리는 것이 좋다. 그리고 마땅히 기본적인 인사를 잘 하는 습관을 가져야 한다. "안녕히 주무세요.", "안녕히 주무셨습니까?", "다녀오세요.", "다녀오셨습니까?", "진지 잡수세요.", "잘 먹겠습니다.", "잘 먹었습니다."와 같은 인사를 놓치지 말아야 한다. 사소하다고 볼 수 있는 이런 것들이 어찌 보면 사소하지 않고 당연히 해야 하는 것이니 '사소함'과 '당연함'의 차이를 생각해보자. 사소하다고 하여 당연한 것이 아니고, 또한 당연하다고 하여 사소한 것이 아니니 그 차이를 잘 알고 실천하면 좋겠다.

세상을 살아가며 나만의 전통을 만들어라.

나만의(우리 집만의) 전통을 만들어 품격 있는 가풍家風을 만들어가는 것이 좋겠다.

9

불필요한 습관을 없애라

소일(消日)이란 날을 소비한다는 말이다. 쓸 게 없어 하루해를 써버리는가? 천하에 가르쳐서는 안 되는 두 글자의 못된 말이 있다. '소일'이 그것이다. 일하는 사람의 입장에서 보자면 일 년 365일 일을 해도 부족할 것이다. 농부는 새벽부터 밤까지 부지런히 애쓴다. 만일 해를 달아맬 수만 있다면 반드시 끈으로 묶어 당기려 들 것이다. 저 사람은 대체 어떤 사람이기에 날을 없애버리지 못해 근심 걱정을 하며 장기, 바둑과 공차기 놀이 등 하지 않는 일이 없단 말인가? 소일이란 말은 젊은이들이 결코 입에 담아서는 안 될 말이다. '심심해 죽겠다'고 말하지 마라. '뭐 좋은 건수 없어?'도 안 된다. 그저 소일이나 하는 것은 다 늙어서 할 수 있는 일도 없고 할 의욕도 사라지고 없을 때 속으로 울면서 하는 말이다.

– 다산의 편지 中

불필요한 습관을 없애는 그 순간부터 내 인생의 가치 있는 시간이 점점 늘어난다.

삶의 많은 것들이 습관으로 시작해서 습관으로 끝난다. 습관. 참 무서운 것이다. 요즘 말로는 루틴Routine이라고 한다. 가끔 지나온 시간을 가만히 되돌아보면 불필요한 습관으로 인해 낭비했던 시간을 제법 발견할 수 있다. 스마트폰이나 PC에서 기인起因한 경우가 많을 것이다. 포노사피엔스Phono sapiens라는 말이 생겨난 것처럼 인류는 언젠가부터 스마트폰의 노예가 되어버렸다. 문명의 발달로 예전보다 훨씬 더 편리해졌으면서 왜 시간은 더 모자란 것인지 생각해 볼 필요가 있다. 빨래는 세탁기가 대신 해주고, 청소는 청소기가 대신 해주고, 먼 길을 오가는 것은 자동차가 대신 해주는데 왜 우리는 나날이 시간에 쫓기며 살아가는지 곰곰이 생각해 봐야 한다.

불필요한 습관으로부터 오는 시간의 낭비가 나를 더 바쁘게 만드는 것이 아닌지 곰곰이 생각해 보자. 살아가면서 좋은 습관은 더하고 나쁜 습관은 버리는 연습이 필요하다. 나는 한때 매일 밤 잠들기 전 우스갯소리로 '신성한 의식'이라 하며 웹툰을 즐겨 보았다. 독자의 수준이 높아져서 그런지 요즘 나오는 웹툰은 고증考證을 많이 해서 배울 것들도 많고 참으로 흥미롭다. 취미 중 하나라고 보아도 무방할 것이나 그조차 시간의 낭비라고 느끼게 된 어느 날 웹툰 보는 것을 끊었다. 그 후 상대적으로 늘어난 나만의 시간을 즐기며 다른 일을 하게 되었고 그전보다 좀 더 도움이 되는 일을 하는 방향으로 발전하게 되었다. 이는 하나의 예시를 든 것뿐이다. 이처럼 꼭 하지 않아도 되는 습관이라면 과감하게 없애버리고 그 시간을 좀 더 가치 있게 쓰는 것이 좋다.

늘 너무 짜인 틀에 맞춰 피곤하게만 살아가라는 말이 아니다. 가끔은 평소와 다른 뭔가를 하며 일상을 탈출하는 경험을 해 볼 수도 있다. 하지만 매일 선물 받은 시간 속에서 나에게 꼭 필요한 습관과 불필요한 습관을 나누어 정리해볼 필요가 있다. 그런 다음 불필요하다고 생각되는 습관은 하나씩 없애고, 필요하다고 생각되는 습관은 조금씩 다듬어 나가는 것이 좋겠다. 좋은 습관을 더하는 것보다 더 중요한 것은 불필요한 습관을 없애나가는 것이다. 그러니 이를 꼭 기억하여 내 삶에 불필요하다 생각되는 습관은 하나씩 없애나가자. 나 역시도 매일 그렇게 살아가려고 노력하고 있다.

가치 있는 시간을 점점 더하며 매일 조금씩 나아지는 삶 속에서 보람과 기쁨을 느껴보길 바란다. 어제와 똑같은 오늘을 사는 것보다는 더할 것은 더하고 뺄 것은 빼며 매일 조금씩 나아지는 내 모습을 발견하며 살아가는 것이 삶의 진정한 가치가 아니겠는가.

불필요한 습관을 없애라.

그 순간부터 내 인생에 가치 있는 시간이 조금씩 늘어날 것이다. 그 시간을 잘 활용하여 지금까지 살아온, 그리고 앞으로 살아갈 나의 시간에 부끄럼을 적게 남길 수 있는 사람이 되자.

10
늘 외모가 단정해야 한다

용모를 단정히 하고 말을 올바르게 하고 얼굴빛을 바로 하는 것. 공부는 이 세 가지에서 시작된다. 진실로 이 세 가지에 능히 힘을 쏟지 않고는 비록 하늘에 통할 재주와 남보다 뛰어난 식견을 지녔더라도 끝내 뒤꿈치를 디디고 다리로 설 수 없게 된다. 요컨대 '글은 곧 그 사람'이다. 군자는 의관을 바르게 하고 똑바로 바라보며 입을 굳게 다물고 단정히 앉아 진흙으로 만들어 낸 사람처럼 엄숙하게 지내는 생활습관을 지녀야 하는 것이다. 그래야 그가 저술하는 글이나 이론이 엄숙하고 똑바르게 된다. 그러한 뒤에야 위엄으로 뭇사람을 승복시킬 수 있고 명성의 퍼져 나감이 영원하다.

— 다산의 편지 中

사람의 내면은 외면에 걸맞게 나타나는 법이다.

항상 머리를 단정하게 손보는 것이 좋다. 사람을 만날 때 가장 먼저 보는 것이 대부분은 얼굴이다. 머리가 부스스하게 흐트러져 있다면 단정치 못하게 보일 것이 뻔하다. 머리가 길고 짧은 것과는 상관없이 머리는 늘 흐트러짐 없이 정리하는 습관을 길러라. 약속 장소에 나가더라도 늘 10분 일찍 나가서 화장실에서 머리와 얼굴을 단정하게 매만지는 습관을 가지는 것이 좋다.

구두를 깨끗이 관리하라. 구두는 내가 어떤 사람인지를 비춰주는 거울이다. 흙과 먼지로 얼룩진 것보다는 광이 날 정도까지는 아니더라도 깔끔하게 잘 관리된 구두를 신고 다니는 것이 좋다. 자칫 너무 광을 내면 지나치게 신발을 관리한다는 느낌을 줄 수 있다. 반대로 너무 지저분하다면 자기 관리를 못하는 사람으로 비칠 수 있다. 신발이란 신다 보면 더러워지기 마련이라 평소에 너무 집착할 필요는 없다. 적당히 깨끗하게 더럽지 않게만 관리하는 것이 좋다. 가끔 구둣방에서 구두를 깔끔하게 닦는다면 기분도 깨끗하게 정화되는 것을 느낄 수 있다. 그러니 가끔 그런 소소한 재미도 느껴보자.

옷을 단정하게 입어라. 늘 정장만 입으라는 것이 아니다. 아무렇게나 입지 말라는 것이니 오해가 없기를 바란다. 나의 경우에는 옷을 너무 편하게 입으니 행동도 복장과 마찬가지로 흐트러지는 것을 느낄 수 있었다. 이는 내가 수양이 부족하여 나타나는 현상일 수도 있다. 하지만 옷을 단정하게 입으니 반대로 언행의 변화가 일어났다. 입에서 나오는 말과 나의 태도가 절제되고 순화되어 겉으로 표현되는 것을 느꼈다. 나도 모르게 겉으로 드러나는 행동이 신사적으로 바뀌었다. 옷이라 하여 그저 옷이 아니다. 옷 하나 다르게 입는 것으로부터 나의 변화가 시작되니 이것을 어찌 한낱 천 쪼가리로만 생각할 수 있겠는가. 옷이 날개라는 말이 있다. 날개와 같은 옷을 입는다면 내 언행 또한 서서히 변화되어 날개와 닮아가는 것을 느낄 수 있을 것이다.

손발톱을 잘 관리해라. 너무 긴 손톱은 위생상 좋지도 않을뿐더러 보기에도 좋지 않다. 늘 손발톱을 깨끗하고 단정하게 관리하는 것이 좋겠다. 드러나 보이지 않는다고 관리하지 않으면 세상에 그런 게으름이 어디 있겠는가.

특히 남자라면 수염과 코털 관리에 신경을 써야 한다. 수염을 기르더라도 관리를 하며 기르는 것이 좋다. 관리되지 않은 덥수룩한 수염은 지저분하고 게으른 사람으로 보이게 한다. 굳이 타인뿐만이 아니라 스스로 보기에도 좋지 않다. 또한 코털에 특히 신경을 쓰는 것이 좋다. 코털이 삐죽 튀어나온 남자는 같은 남자가 봐도 참으로 꼴불견이다. 평소 면도를 하고 세수를 할 때 코털 가위로 관리하는 습관을 가지는 것이 좋다. 족집게나 손을 사용하여 뽑는 것은 삼가자. 코에는 뇌로 직결되는 혈관들이 있다. 운이 나쁘면 상처를 동반한 염증이 생겨 뇌수막염이나 뇌종양으로 이어질 가능성도 있다. 확률적으로는 낮지만 실제 사례가 있으니 조심하는 것이 좋겠다. 나이가 들수록 코털이 더 많이 그리고 더 빨리 자란다. 정말 귀찮은 일이다. 그래도 평소 습관처럼 잘 관리하자.

사람은 외모도 중요하지만 내면이 더 중요하다. 내면을 다스리지 않고 외모에만 너무 치중하라는 말이 아니다. 외모를 아무렇게나 내버려두지 말고 '깔끔하게 유지하는 편이 낫다'는 것이다. 사람은 누구나 상대의 내면을 보기 이전에 외모를 보고 평가를 하게 마련이다. 사람의 첫인상은 0.3초라는 짧은 시간 사이에 호감, 비호감으로 판단이 된다. 그리고 3초 정도면 그 사람의 첫인상이 결정된다. 인상이 그저 얼굴의 잘났고 못났음을 말하는 것은 아니다. 얼굴과 머리, 옷매무새, 신발, 코털, 수염 등 모든 것을 일컫는 것이다. 3초라는 짧은 시간은 상대가 나의 내면을 미처 알기 힘든 시간이다. 내면을 보기 이전에 이미 나의 외모로 평가를 마치게 된다. 그 이후에 나의 내면을 표현하더라도 선입견에 밀려 일단 한 수 접고 들어가는 것이니 이는 필시 이득보다는 손해가 크다.

사람의 내면은 외면에 걸맞게 나타나는 법이다. 외모를 단정히 한다면 그것과 더불어 나의 언행이 올바르게 바뀌고 스스로가 미연에 조심을 하게 되니 나쁠 것이 없다. 그러니 늘 외모를 단정하게 유지하는 것이 좋다.

11
매일 웃는 습관을 가져라

내게 없는 물건을 바라보고 가리키며 '저것'이라고 한다. 그리고 내게 있는 것은 깨달아 굽어보면 '이것'이라고 한다. '이것'은 내가 내 몸에 이미 지닌 것이다. 하지만 보통 내가 지닌 것은 내 성에 차지 않는다. 사람의 뜻은 성에 찰 만한 것만 사모하는지라 건너다 보며 가리켜 '저것'이라고만 한다. 이는 천하의 공통된 근심이다. 지구는 둥글고 사방 땅덩어리는 평평하다. 천하에 내가 앉아 있는 곳보다 높은 곳이 없다. 천하에 지금 눈앞의 처지만큼 즐거운 것이 없다. 하지만 백성들은 땀을 뻘뻘 흘리고 가쁜 숨을 내쉬면서 죽을 때까지 미혹을 못 떨치고 오로지 '저것'만을 바란다. 하여 '이것'이 누릴 만한 것임을 잊은 지가 오래되었다. 기쁨은 먼 데 딴 데 있지 않다. 즐거움은 코앞 발밑에 있다. 그것을 찾아라.

– 다산의 편지 中

매일 웃는 습관을 가져라. 세상이 나를 향해 웃을 것이다.

어린 시절에는 사소한 것으로도 포복절도를 하며 웃지만 나이가 들어갈수록 웃을 일이 줄어든다. 세상이 삭막해서일까? 사는 것이 힘들어서일까? 걱정이 많아서일까? 일이 힘들어서일까?

9를 가지면 10을 못 가짐에 안타까워하는 것이 인간이다. 건물이 있어도 공실이 있어서 힘들어하고, 직장이 있어도 연봉이 조금밖에 안 올랐다고 불만을 가진다. 바르고 건강한 아이들이 있어도 공부를 하지 않는다고 머리를 싸매는 것이 사람이다. 9나 가졌으니 기뻐해야 할 것이고, 나에게 건물이 있다는 것으로 행복을 느껴야 할 것이다. 일을 할 수 있는 직장이 있는 것으로 만족하고, 아이들이 무탈하게 잘 지내고 있는 것만으로 미소를 지을 수 있어야 할 것이다. 걸을 수 있다는 것에 만족하고 스스로 손을 놀려 밥을 먹을 수 있다는 것에 행복해야 한다. 본디 하나를 가지면 둘을 가지고 싶은 것이 사람이다. 더 가지기 위해 아등바등하다가는 지금 가진 것도 다 잃는다. 가진 것에 만족하고 지금 내 삶에서 행복을 찾는다면 눈에 보이고 생각하는 모든 것이 행복하지 않을 일이 없고 매 순간 웃지 못할 날이 없다.

꿈을 가지지 말라는 말이 아니다. 늘 모든 것을 생각할 때는 분리해서 생각하는 것이 좋다. 9를 가진 사람이 10을 못 가져서 안타까워한다는 것을 잘못 생각하면 꿈과 목표를 가지지 말라는 것으로 오해할 수가 있다. 하나 모든 것을 이분법二分法적 사고로 생각할 필요가 없다. 9를 가진 것에 만족하라는 말이지 10을 향해 나아가지 말라는 말이 아니다. 만족하고 행복을 느끼되 꾸준히 목표를 향해 나아가라는 말이니 오해가 없기를 바란다. 나보다 힘든 사람을 생각한다면 불만이 생길 수가 없다. 불평불만을 최소화하고 인생을 살아나가되 나보다 나은 사람을 목표로 삼고 살아가야 할 것이니 이를 잘 가려서 생각해야 한다.

우리 인생에 화火와 복福은 늘 함께 다니며 순차적으로 찾아오는 법이다. 다윗왕의 반지에 새겨진 '이 또한 지나가리라This too shall pass'를 떠올리며 매 순간 즐기며 긍정적으로 살아가는 것이 좋겠다. 아무리 힘든 일이 닥칠지라도 그것을 견디고 지나 보니 딱히 힘든 일도 아니더라. 그 순간만 잘 견디면 곧 기쁨의 날이 다가올 것이니 절대 좌절하거나 포기하지 말라. 포기는 배추를 셀 때나 쓰는 말이라는 것이 괜히 나온 말이 아니다. 삶에 만족하고 행복하게 살아가며 결코 웃음을 잃지 않도록 하라. 내가 잘 웃는 사람이라면 주위에 사람이 모일 것이다. 슬프고, 우울하고, 기분이 좋지 않을 때는 행복했던 순간을 떠올리며 웃어 보아라. 긍정의 에너지와 함께할 것이다.

일부러라도 웃으면 실제 웃는 것과 비슷한 효과가 있다고 한다. 웃음을 잃어버린 날이 있다면 화장실이라도 들어가서 큰 소리로 한번 웃어보길 바란다. 한껏 웃고 나면 기분이 좀 풀릴 것이다. 그 웃음이 가족과 함께하는 것이라면 더할 나위가 없을 것이다. 저녁 시간 가족과 함께 마주 보고 억지로라도 웃다 보면 서로의 그 모습이 더 우스워 이내 박장대소를 터트릴 것이니 이 말이 사실인지 한번 시험해보면 좋겠다. 지금 당장 서로를 바라보고 5초만 웃어보자.

빠르게 변하는 세상, 각박한 세상이라도 이 세상엔 좋은 사람도 참으로 많고 웃을 일도 참으로 많다. 당신의 매일이 늘 웃음과 함께하길 바란다. 행복을 기다리지 말고 행복을 만들어가는 사람이 되자. 웃음을 기다리지 말고 웃음을 만들어가는 사람이 되자.

매일 웃는 습관을 가져라. 세상이 나를 위해 웃을 것이다.

화는 성내는 기운을 따라 들어오고 복은 밝게 웃는 얼굴을 따라 들어온다.

〈웃당보민(웃다 보면)〉

웃당보민 웃당보민 행복해진덴 햄쩌
웃당보민 웃당보민 행복해진덴 햄쩌
웃음이 보약이렌 보약이 따로 웃덴
웃으민 알아진덴 웃음이 보약인줄

웃다 보면 웃다 보면 행복해진다고 하죠
웃다 보면 웃다 보면 행복해진다고 하죠
웃음이 보약이라고 보약이 따로 없다고
웃으면 알게 된다고 웃음이 보약인 줄

- 제주어지킴이 뚜럼 브라더스 박순동 작사, 작곡

[초등학교 1학년 교과서 수록]

Chapter 4

태도에 대하여

1
어머니의 마음을 기쁘게 해라

효도와 우애는 인을 행하는 근본이 된다. 어버이를 섬기는 데는 마음을 받드는 것이 가장 중요하다. 새벽에 문안드리고 저녁에 잠자리를 보살피는 일 같은 경우에 만약 요 아래 바닥이 차다는 것을 알게 되거든 너희 형제는 노비를 불러 시키지 말고 스스로 헌솜을 가져다 불을 지펴 따뜻하게 해라. 그 수고가 또한 잠깐 연기를 쏘이는 것에 지나지 않지만 어머니의 흐뭇한 마음은 마치 맛있는 술을 드신 것과 같을 것이다. 그러니 너희가 어찌 이 일을 즐겨하지 않을 수 있겠느냐. 아무쪼록 이런 것들을 깊이 생각하여 방법이란 방법은 다 써서 네 어머니의 마음을 기쁘게 하도록 하여라. 내 두 아들이 효자가 되고 두 며느리는 효부가 된다면 나는 이곳 금릉(유배지)에서 그대로 늙는다 해도 오히려 유감이 없을 것이다.

– 다산의 편지 中

표현하지 않는 사랑은 반쪽짜리 사랑이다. '믿음과 소망과 사랑 중에 제일은 사랑이라'는 노랫말도 있는 것처럼 우리 인생에서 사랑이 차지하는 비중이 얼마나 큰지 모른다. 세상을 살아가며 겪는 모든 크고 작은 문제는 사랑으로부터 비롯된다. 희생과 봉사도 사랑으로부터 비롯되는 것이고 고뇌와 번민도 사랑으로부터 비롯되는 것이다. 지금까지도 널리 회자되고 있는 수많은 영화와 책도 사랑을 주제로 하는 경우가 많고 세상의 크고 작은 전쟁도 사랑에서 비롯된 경우가 많다. 세상을 지배하는 것은 남자이지만 그 남자를 지배하는 것은 여자라는 말이 있다. 그처럼 남녀가 서로의 사랑을 얻기 위해서는 전쟁도 불사不辭하는 것을 역사를 통해서 알 수 있다.

가까이 있는 사람에게 사랑을 표현하는 것을 습관화하자. 배우자도 그렇지만 부모와 자식에게도 마찬가지다. 사랑을 표현하는 것을 결코 부끄럽거나 거추장스럽다고 생각하면 안 된다. 표현하지 않는 사랑은 반쪽짜리 사랑이다. 내가 아무리 상대를 사랑한다고 해도 말과 행동으로 그것을 보여주지 않으면 상대는 알 도리가 없다. 짐작만 하도록 만들지 말아야 한다. 서로가 사랑을 표현하고 마음을 주고받는 것을 습관화할 필요가 있다. 그래야 온전한 사랑이 전달되는 법이다.

당연한 말이겠지만 사랑한다고 해서 막 해도 된다는 뜻은 아니다. 사랑하는 사람이 떠나 봐야 그 사랑을 알게 된다. 그때야 비로소 그리움이 짙어진다. 곁에 있을 때는 모른다. 나에게 얼마나 소중한 사람이고 큰 사랑인지를. 뭐든지 없어 봐야 소중한 줄 안다. 남녀 간이건 부모 자식 간이건 사랑하면 그만큼 더 아껴줘야 한다.

평소에 가족들에게 잦은 스킨십과 사랑한다고 표현을 해야 한다. 그것이 아이들의 삶 속에 그대로 녹아든다. 그 모습을 보고 자란 아이들 또한 자식들과 배우자에게 그렇게 사랑을 표현할 가능성이 크다. 가르침은 입으로만 한다고 되는 것이 아니다. 삶을 통해 경험하고 보고 자란 그것이 곧 가르침이 되어 자식의 삶이 된다. 내 아이들이 자라면서 그렇게 사랑을 보고 배운 것처럼 성인이 되어서도 주위에 많은 사랑을 표현하며 살아가기를 바란다.

많은 사람들이 사랑을 표현하는 방법을 모르거나 안다고 해도 쑥스러워서 표현하지 못하는 경우가 많다. 예컨대 주위를 둘러보더라도 부부끼리는 그러는 거 아니라는 농담이 섞인 말로 사랑 표현을 애써 회피하는 경우를 종종 볼 수 있다. 연애 시절에는 누가 말리더라도 개의치 않고 애정 행각을 벌인다. 그런데 결혼을 하고 함께 살아가면서 사랑에서 가장 소외된 것이 바로 나의 배우자가 아닌지 한 번쯤 생각해 볼 필요가 있다. 그런데 사실 내 배우자보다 더 사랑에서 소외된 사람이 있다. 바로 엄마다. 낳고 길러서 시집 장가 보냈는데, 이제는 지 새끼, 지 마누라 챙기느라 들여다보지도 않는다. 평생에 사랑한다는 말을 들어본 적은 얼마나 됐던가? 시간이 흘러 남은 것이라곤 머리에 하얗게 내려앉은 눈꽃뿐이구나.

여기 또 한 여자가 있다. 내 자식들에게는 엄마지만 나에게는 소중한 아내다. 자식이라는 이유로 내 아내를 힘들게 하면 기분이 좋지 않다. 아내가 힘들면 나도 힘들다. 아이들에게는 매일 보며 투정을 부려도 되는 엄마일지 모르겠지만 나에게는 세상에 하나밖에 없는 가냘프고 소중한 내 여인이다. 자식을 사랑하는 것처럼 내 아내도 무척이나 사랑한다.

"아이들아. 너희들은 야속하다 생각일랑 말거라. 나 하나 믿고 결혼한 여인인데 자식들이 '막 대하는 것'과 너희 어미를 '피곤하게 하는 공격'으로부터 내가 지켜줘야 하는 것은 어찌 보면 마땅한 일이지 않겠느냐. 너희 엄마를 만나 사랑을 했고 그 결실로 너희가 세상에 태어났다. 아비도 너희 할머니가 편해서 예의 없이 대한 적이 더러 있었다. 원래 엄마라는 존재는 그런가 보다. 자식의 짜증과 투정을 받아주고, 고민도 들어주고 잘못을 감싸주는 그런 바다 같은 존재 말이다. 하지만 그런 엄마라는 존재가 편하다고 해서 자식이 함부로 해도 되는 존재는 아니지 않겠느냐. 편한 것과 막 대하는 것은 별개의 문제다. 가족 간에도 최소한의 예의는 지켜야 할 필요가 있다. 세상의 많은 부모들이 자식을 키우다 보면 이런저런 스트레스를 받는다. 하지만 부모에게 스트레스를 주는 것이 당연한 일은 아니다. 그러니 너희 엄마 힘들게 하지 마라. 너희 엄마 스트레스 받게 하지 마라. 너희 엄마는 엄마라는 존재로서 너희에게 세상 누구보다 큰 사랑을 베풀고 있는 사람이다. 그 큰 사랑을 갚으라고는 하지 않는다. 응당 부모라면 자식에게 주어야 할 마땅한 사랑이니 말이다. 하지만 최소한 막 대하며 스트레스를 주는 것은 삼가야 할 것이다. 서로가 조금 더 아끼고 사랑하는 마음을 가지면 될 것이다. 진정 사랑하기에 편해서 그러는 것이겠지만 진정 사랑한다면 또 그리해서는 안 될 것이다. 네 엄마도 누군가의 귀하고 사랑스러운 자식이자 한 남자에게는 이 세상의 전부인 꽃 같은 여인이다."

엄마를 떠올리면 눈물이 난다. 그러니 엄마한테 잘해야 한다. 어머니의 마음을 기쁘게 해드려야 한다. 지금 잘하고 있으면 더 잘하자. 내 엄마에게 잘하는 것이니 뭐가 아깝겠나. 일단 표현하는 것부터 시작하자. 사랑한다고 해서 막 대해도 된다는 뜻은 아니다. 엄마한테 늘 잘하고 더불어 아버지한테도 잘하도록 하자.

표현하지 않는 사랑은 반쪽짜리 사랑이다. 사랑을 자주 표현하자.

당신의 삶이 표현하는 사랑을 바탕으로 나날이 충만해지기를 바란다.

2
잘난 척하지 마라

비스듬히 드러눕거나 옆으로 삐딱하게 서고, 아무렇게나 지껄이거나 눈알을 이리저리 굴리면서도 경건한 마음을 가질 수 있는 사람은 세상에 없다. 때문에 몸을 움직이는 것, 말을 하는 것, 얼굴빛을 바르게 하는 것, 이 세 가지가 학문을 하는 데 있어 가장 우선적으로 마음을 기울여야 할 덕목이다. 이 세 가지도 못하면서 다른 일에 힘을 쓴다면, 비록 하늘의 이치에 통달하고 재주가 있거나 다른 사람보다 뛰어난 식견을 가졌다고 하더라도 결국은 발뒤꿈치를 땅에 붙이고 바로 설 수 없게 되어 어긋난 말씨, 잘못된 행동, 도적질, 매우 못된 짓, 이단이나 잡술 등으로 흘러 걷잡을 수 없게 될 것이다.

– 다산의 편지 中

잘난 척하면 재수 없다고 여긴다. 잘난 척한다는 것은 교만하다는 것을 뜻한다. 사람 위에 사람 없고 사람 밑에 사람 없다. 물론 세상을 살아가다 보면 가끔 정말 잘난 사람도 만나게 된다. 하지만 대다수의 사람은 모두가 거기서 거기다. 딱히 잘난 사람도 없고 딱히 못난 사람도 없다. 모두가 자기 분야에서는 뛰어나고 전문적인 지식을 가지고 있으니 잘났을 것이고 자기가 잘 모르는 분야에서는 상대적으로 조금 못났을 것이다. 잘나고 못난 것은 오로지 개인의 주관적인 기준으로 판단한다. 절대적인 것이 아니라 상대적인 것이다. 그러니 조금 못났다고 주눅 들 필요도 없고 나서서 잘난 척할 필요도 없다.

글을 쓰고 강의도 하고 사업도 하며 살림도 하는 사람이 있다. 잘난 사람인데 겸손하다. 그래서 내가 좋아한다. 다행히 내가 만나는 사람들 중에는 본인의 일을 드러내어 자랑하거나 사업 규모를 과장해서 잘난 척하는 사람은 만나기 힘들다. 글을 쓰는 저자나 강사도 내 주위에는 그런 부류가 많지 않다.

요즘은 SNS가 일상이 되어버려 우리 삶 속에 무척이나 깊이 들어와 있다. 인스타그램을 보통 허세스타그램이라고 표현한다. 인스타그램은 내가 이렇게 잘 먹고 산다는 것을 보여주고, 카카오스토리는 내 아이가 이렇게 잘 성장하고 있다는 것을 보여준다. 페이스북은 내가 이렇게 잘 살고 있다는 것을 보여주고, 블로그는 내가 이렇게 전문적이라는 것을 보여준다고 한다. 그런 것들을 보자면 사람은 누구나 과시욕과 인정받고자 하는 욕구가 마음속 깊이 뿌리내려 자리 잡고 있는 것일지도 모르겠다.

싸이월드: 내가 이렇게 감수성이 많다

페이스북: 내가 이렇게 잘 살고 있다

블로그: 내가 이렇게 전문적이다

인스타그램: 내가 이렇게 잘 먹고 있다

카카오스토리: 내 아이가 이렇게 잘 크고 있다

트위터: 내가 이렇게 이상하다

잘난 척하는 사람은 결국 외면받는다. 그러니 항상 척하는 것을 삼가는 것이 좋다. 알아도 모르는 척, 있어도 없는 척하는 겸손의 미덕을 바탕에 깔고 살아간다면 주위에 사람이 모인다. 척하는 사람의 특징은 인정받고 싶은 욕구가 크다는 것이다. 자존감이 부족하거나 본인의 불안한 심리상태를 타인으로부터 인정받는 관심으로 채우려는 욕구가 있다. 또한 어릴 적부터 인정을 받지 못하고 자란 미성숙한 심리상태가 성인이 되어서도 성숙하지 못하게 되면 그것이 잘난 척하는 행동으로 나타날 수 있다. 결국 자아가 미성숙하여 나타나는 현상이라 할 수 있다. 자신감과 잘난 척하는 것은 종이 한 장 차이다. 매사에 자신감을 가지고 살아가되 잘난 척하는 것과는 거리를 두는 것이 좋겠다. 자아가 성숙한 사람이라면 굳이 잘난 척하지 않아도 주위에서 알아준다. 굳이 타인에게 확인받으려 하지 않아도 좋다. 스스로를 갈고닦으며 내면을 채우고 겸손의 미덕을 가슴에 새기고 살아가는 것이 좋겠다.

잘난 척하다가는 필시 까불게 된다. 까불면 결국 다친다. 그러니 적당히 까부는 것이 좋다. 예부터 어른들이 하신 말씀이 틀린 말이 없다. 아이들이 자랄 때도 나는 이런 말을 많이 했다.

"적당히 해라. 까불면 결국에는 다친다."

그 이후에는 분명 어딘가에서 울음소리가 나고 아이 둘 중 하나는 어딘가에 나자빠져 울고 있었으니 말이다. 이는 과유불급過猶不及이라는 말로도 대체할 수 있을 것이다. 까분다는 것은 가볍고 방정맞게 행동하는 것을 일컫는다. 어린 시절에는 까불다가 몸을 다치는 것에서 그칠 수 있다. 하지만 나이가 들어서 까불게 되면 몸뿐만 아니라 체면도 함께 다치게 되니 사회생활에 큰 지장을 초래할 수 있다.

까불다가 패가망신하는 경우를 주위에서 흔히 찾아볼 수 있다. 정치인들을 통해서도 쉽게 접할 수 있고 잘나가는 연예인이나 기업가들을 통해서도 심심찮게 접할 수 있다. 패가망신까지는 아니더라도 사람이 우습게 보일 수도 있는 법이니 늘 중용中庸을 지키며 살아가는 것이 좋겠다. 까불다가 다친다는 것을 몸이 다친다는 것으로만 생각하면 안 된다. 내 위상이 다치는 것을 더 염두에 두어야 할 것이다.

또한 까분다는 것이 비단 가볍고 방정맞게 행동하는 것만을 뜻하는 것은 아니다. 겸손하지 못하여 오만방자하게 거드름을 피우거나 잘난 척하는 것도 까부는 것에 해당된다. 이는 결국 그 사람을 평가하는 기준이 된다. 누구든 겸손한 사람을 좋아하지 건방지고 까부는 사람은 싫어한다. 어느 정도까지는 이해할 수 있지만 도를 넘어가면 주변에서 외면당하게 된다. 나의 모든 것을 다 받아줄 수 있는 사람은 부모밖에 없다. 인간관계는 결국 처신處身의 문제이니 세상을 살아가는 데 가져야 할 몸가짐이나 행동을 늘 조심하고 적당히 까불어야 한다.

많이 까불면 결국에는 다치니 적당히 까불고 적당히 즐기며 중용의 도道에 어긋남이 없도록 하자.

3
물건에 대한 집착

저녁 무렵에 숲을 거닐다가 우연히 어린아이의 울음소리를 들었다. 숨이 넘어갈 듯이 울어대며 참새처럼 팔딱거리고 있더구나. 왜 그렇게 울고 있는지 알아보았더니 나무 아래서 밤 한 톨을 주웠는데 다른 사람이 그것을 빼앗아 갔기 때문이란다. 권세와 재화를 손해 본 사람들과 자손을 잃고 거의 죽을 지경에 이른 사람들도 달관한 경지에서 내려다본다면 모두 밤 한 톨에 울고 웃는 것과 무엇이 다르랴. 세상의 옷이나 음식, 재물도 부질없고 가치가 없는 것이다. 옷은 계속 입다 보면 닳게 마련이고 음식은 먹으면 똥이 되어 썩고 만다. 재물을 자손에게 전해 준다고 해도 결국은 탕진되고 만다. 그런데 그것을 몰락한 친척이나 가난한 벗에게 나누어준다면 그 은혜가 영원히 없어지지 않을 것이다. 왜 그런가 생각해 보거라. 형태가 있는 것은 부서지기 쉽지만 형태가 없는 것은 없애기가 어렵기 때문이다. 자기 스스로 재물을 써 버리는 것은 형태를 사용하는 것이다. 하지만 재물을 남에게 나누어주는 것은 정신적으로 사용한 것이 된다. 형태가 없는 것으로 정신적인 향락을 누린다면 그것이 변하거나 없어질 이유 또한 없으니 내가 죽은 후 그 이름을 천년 뒤까지도 남길 수 있다. 그러니 재화(財貨)를 비밀리에 숨겨 두는 방법으로 남에게 베푸는 방법보다 더 좋은 게 없다. 베풀어주면 도적에게 빼앗길 걱정이 없고 불이 나서 타버릴 걱정이 없고 소나 말로 운반해야 되는 수고도 없다. 자기 몸에 늘 재화를 지니고 다닐 수 있는 방법이 곧 이것이다. 세상에 이처럼 좋은 방도가 또 있겠느냐? 단단히 잡으려 들면 들수록 미끄럽게 빠져나가는 게 재물이다. 재물이야말로 미꾸라지와도 같은 것이다.

— 다산의 편지 中

물건에 집착하지 말아야 한다. 자칫 물건이 상전이 될 수가 있다.

살아가며 그다지 많은 것들이 필요하지는 않다. 입을 옷 몇 벌과 읽을 책 몇 권이면 족하다. 물론 생활에 필요한 필수요건들은 어느 정도 갖추어야 하겠지만 말하고자 하는 것은 사치품들을 일컫는 것이다.

법정 스님은 살아생전 만년필을 사용했다. 원래는 하나의 만년필만 사용했는데, 출장을 다녀오며 하나씩 사 모으다 보니 나중에는 만년필이 많아져서 처음 가진 하나의 소중함을 잊게 되었다. 그 이후 원래대로 하나의 만년필만 남기고 나머지는 다 정리했다고 한다.

본디 사람은 하나가 있어야 소중한 줄 아는 법이다. 여러 개가 되면 그 소중함을 잊어버린다. 사람이든 물건이든 똑같다. 내가 가진 단 하나의 소중함을 늘 기억해야 한다. 값비싼 것이라서 소중하고, 소박하다고 하여 값어치가 없는 것은 아니다. 내가 가진 단 하나의 소중함을 늘 기억해야 할 필요가 있다.

너무 비싼 물건을 사용하는 것을 피하는 것이 좋다. 예를 들어 명품 같은 것이다. 한두 개의 명품은 본인 필요 여하如何에 따라 가질 수도 있다. 살아가며 그것들을 착용해야 하는 자리가 몇 번 있을 수도 있다. 자기만족을 위해 한두 개쯤 가지는 것은 모르겠으나 사치품을 수집하는 것은 피하는 것이 좋다. 값비싼 장신구와 옷은 과시욕에서 비롯된다. 물론 시계와 가방을 비롯하여 명품 구입이 투자 가치가 있을 수 있다. 그런데 말하고자 하는 핵심을 파악해야 한다.

사람들은 흔히 다른 사람의 외적인 것을 보고 그 사람을 판단하곤 한다. 하지만 무엇보다 중요한 것은 사람의 내면이다. 한 단계 너머를 보는 사람들은 아마도 상대의 내면이 보일 것이다. 나 자신이 명품이 될 수 있도록 스스로를 갈고닦아야 한다. 사람은 내면이 부실할수록 명품을 탐하는 법이다. 내 안의 공허함을 명품으로 치장하는 것과 맞바꿀 수 있다는 착각은 금물이다. 여유 자금이 있다면 오히려 미래 수익을 따져보고 더 가치가 있는 것에 투자를 하는 것이 좋다. 명품을 사 모으는 것이 당장의 자기만족과 과시욕은 될 수 있다. 그러나 생각보다 남는 것이 많지 않다. 오히려 공허함만을 더 가져올 수 있다. 남에게 보여주기 위해 살지 말고 스스로의 내면을 발전시키는 삶을 살아가도록 노력하자.

몸을 보호하기 위해서 옷을 입는 것이다. 그런데 값비싼 옷을 입으면서 옷을 보호하기 위해 걱정하는 어리석음을 저지르지 말자. 주객이 전도되는 것만큼 우스운 꼴이 없다. 편안하고 안전하게 이동하기 위해서 자동차가 필요하다. 그런데 너무 비싼 차를 사는 바람에 차에 조금 흠집이 났다고 무척이나 가슴 아파한다. 차는 소모품이다. 차를 타며 흠집이 안 날 수가 없고 시간이 갈수록 당연히 값어치는 떨어진다. 그러니 마음을 조금 편안하게 가져보자. 물론 자동차는 안전과 직결된 것이니 어느 정도 안전이 보장된 값어치 있는 차를 사는 것도 나쁘지 않겠다.

물건이든 사람이든 집착하면 내 마음이 괴로워진다. 사람에 대한 것은 서로의 관계에서 우러나는 것이다. 즉, 마음에서 우러나는 것이다. 그러니 평소 마음공부를 하며 살아간다면 조금씩 나아질 수 있을 것이다. 그런데 물건에 대한 집착은 어리석고 또 어리석은 짓이다. 세상에 닳지 않는 물건이 어디 있고 평생 쓸 수 있는 물건이 어디 있겠는가. 그러니 평소 집착을 하지 않을 정도의 것들만 몸에 지니는 것이 좋다. 혹시라도 물건의 금전적인 값어치를 떠나 소중한 의미가 있는 것이 생길 수 있다. 의미가 담긴 선물이 이에 해당될 것이다. 하지만 그 또한 하나의 물건일 뿐이다. 선물을 한 이의 마음을 기억하면 될 것이고 그것의 의미만 떠올리면 될 것이다. 의미 부여는 원래 마음에서 일어나 스스로가 만드는 것이다. 그러니 그 의미를 지워버리는 것도, 다른 무언가에 의미를 부여하는 것도 결국은 내 마음이다. 이를 잘 생각하여 물건에 집착하는 습관을 애초에 가지지 않도록 노력하는 것이 좋다. 물건은 그저 물건일 뿐이다. 값어치로 따지자면 사람에 비할 만큼 귀한 물건은 애당초 세상에 없다.

물건에 집착하지 마라. 물건이 어느 순간 나의 상전이 될 수가 있다.

4

인생은 속도보다 방향이 중요하다

아침에 햇볕을 먼저 받는 곳은 저녁에 그늘이 빨리 들고, 일찍 피는 꽃은 일찍 시드는 것을 반드시 명심해라. 이 세상에 청운의 뜻을 품었다면 결코 한 차례 풍파를 겪었다고 하여 뜻을 꺾어서는 안 될 것이다. 가슴속에는 늘 송골매가 가을 하늘을 솟구쳐 오르는 듯한 기상을 품어야 한다. 이 세상이 작다고 여기고 우주를 쉽사리 주무른다는 기상을 가지면 될 것이다.

– 다산의 편지 中

올바른 방향을 설정하고 살아가는 것이 좋다. 시간은 유한하다. 살아가면서 세상의 모든 것을 다 해 보고 살 수는 없다. 하지만 많은 것들을 해 볼 수는 있다. 한정된 시간이라면 선택과 집중이 필요하다. 취미를 가지는 것도 좋고 사람을 만나는 것도 좋다. 하지만 너무 많은 취미와 많은 사람과의 만남 속에서 허덕이며 살아간다면 자칫 놓치고 지나칠 수 있는 것들이 당연히 생기게 마련이다. 그렇게 살다 보면 언젠가는 유한한 시간의 한계를 느낄 것이다. 그러니 애초에 올바른 방향을 잡고 나아가는 것이 좋다.

일 년이 52주니 80년을 산다고 가정했을 때 우리에게는 평생 4,160주라는 시간이 주어진다. 평균 수명이 길어졌으니 90년을 산다고 가정하면 4,680주가 주어진다. 2022년 11월 29일. 글을 쓰는 지금 이 순간을 기준으로 나에게는 2,240주의 시간이 남았다. 90년을 기준으로 잡았을 때다. 당신에게는 지금 얼마의 시간이 남았는가?

생각보다 시간이 많이 남지 않았다고 해서 너무 조급하게 서두를 필요는 없다. 세상만사 서둘러서 좋을 것이 없으니 말이다. 한 템포 쉬어가자. 우리에게 주어진 시간을 언급한 것은 급하게 살아야 한다는 것이 아니라 의미 있게 살아야 한다는 뜻이다. 다들 참으로 바쁘게 살아간다. 마치 오늘이 마지막인 것처럼 바쁘게 산다. 하지만 오늘이 지나면 어김없이 새로운 내일을 맞이한다. 오늘이 마지막인 것처럼 열심히 사는 모습은 마땅히 좋다. 그러나 바쁜 일상에 치어 내 삶의 여유가 너무 없지는 않은지도 생각해 볼 필요가 있다.

인생은 마라톤이다. 바쁜 삶 속에서 잠시 쉬어가며 여유를 가지고 스스로를 돌아보는 시간을 갖자. 이는 인생을 살아가면서 꾸준히 적용해야 하는 일이니 수시로 점검해볼 필요가 있다. 너무 바쁘게 살다 보면 자신을 돌아보는 시간이 한없이 부족하다는 것을 느낄 때가 종종 있을 것이다. 세상을 살면서 나를 만나는 시간만큼 소중한 시간도 없다. 바쁘다는 핑계로 나 자신을 만나는 시간을 소홀히 한다면 삶의 중간중간에 마주치는 공허함과 상실감이 나를 무척이나 힘들게 할지도 모른다. 그러니 바쁠수록 돌아가고, 한 템포 쉬면서 나 자신을 만나는 시간을 가져야 한다.

한 템포 쉬어간다는 것은 비단 학업이나 일에만 적용되는 것이 아니다. 인간관계에서 내 감정에 적용해야 할 경우도 있다. 참을 인忍 자가 셋이면 살인도 면한다는 말이 있다. 화가 치밀어도 심호흡을 하며 일단 참고 견디는 인내가 필요하다. 시간이 지날수록 사람들의 인내심이 점차 줄어드는 경향이 있다. 별거 아닌 사소한 일에도 화를 내고 싸움이 일어나는 경우가 종종 발생한다. 감정이 격해졌을 때도 한 템포 쉬어가면 화를 누그러뜨릴 수 있다. 그런데 그것을 참지 못해 불화가 생긴다. '소나기는 피해 가라.'는 격언이 있다. 그 소나기가 나의 감정이 될 수도 있고, 바쁜 일상이 될 수도 있다. 무엇이 되었건 가끔은 하던 일을 멈추고 나를 돌아보는 시간이 꼭 필요하니 이를 기억하고 실천하면 좋겠다. 살아가며 서둘러야 할 때가 있지만 늘 서두르기만 해서는 좋을 것이 없다.

뼈저린 후회는 늘 시간이 지난 후에 찾아오기 마련이다. 후회 없는 삶을 살 수는 없겠지만 그것을 최소화하려고 노력하는 현명함이 필요하다. 후회를 최소화하기 위해서는 불필요한 시간과 시행착오를 줄이는 것이 좋다. 불필요한 시간을 보내는 것을 늘 경계해야 한다. 오늘 내가 보낸 시간 중 불필요한 시간이 얼마나 되었는지 매일 점검해야 한다. 오늘 한 일도 쓰고, 불필요하게 보낸 일도 쓰고, 내일 할 일도 써보자. 그리고 매일 조금씩 나아질 필요가 있다.

물론 시행착오를 통해 사람이 성장하는 계기가 될 수도 있다. 하지만 미숙하여 생기는 시행착오와 어리석어 생기는 시행착오는 확연히 다르다. 부디 같은 실수를 반복하지 않기를 바란다. 이 글을 이 시대의 지성知性이라 생각되는 당신께 바친다. 당신의 인생에서 시행착오를 줄이는 데 조그만 도움이 되기를 바라며 글을 쓰는 것이니 티끌의 도움이라도 되기를 바란다.

빨리 가려면 혼자서 가고 멀리 가려면 함께 가라는 아프리카 속담이 있다. 언젠가부터 사람들이 즐겨 쓰는 말 중 하나가 되었다. 좋은 말이고, 가슴에 새겨야 할 말이다. 그러나 세상을 살아가며 빨리 가야 할 때가 있고 함께 멀리 가야 할 때가 있다. 학업에 열중하거나 속전속결로 일을 처리해야 할 때는 혼자서 빨리 가야 할 것이며, 팀이 함께 해나가는 업무에 있어서는 멀리 가기 위해 서로의 힘을 합쳐야 할 것이다. 세상에 100% 맞는 것은 없다. 아무리 좋은 명언이라도 그것을 나만의 것으로 재해석해서 보다 슬기롭게 이해하고 실천하는 자세가 필요하다. 살아가며 서둘러야 할 때가 있지만 늘 서두르기만 해서는 좋을 것이 없다.

달팽이가 느리다고 하지만 그건 우리의 착각일지도 모른다. 속도에 상관없이 좋은 인연들과 함께 올바른 방향으로 인생길을 걸어 나가는 과정이 중요하다. 그런 당신의 세상이 후회가 덜한 찬란한 나날이 되기를 진심으로 희망한다.

〈달팽이〉

사람들은 달팽이가 기어간다 말하지만
그건 우리들의 착각 우리들의 착각
달팽이는 온몸으로 지구를 굴려 가고 있지

사람들은 달팽이가 느리다고 말하지만
그건 우리들의 착각 우리들의 착각
달팽이는 온몸으로 시간을 밀어내고 있지

어제 같은 오늘 아침 오늘 같은 내일 저녁
돌고 도는 시간들 돌고 도는 시간들

– 작사: 최희정, 밴드쬬 3집 《길》 앨범 수록 곡

5

사소한 일에 목숨 걸지 마라

천하의 사물은 모두 지킬 것이 없다. 그러나 오직 '나'만은 마땅히 지켜야 한다. 사람들이 목숨을 걸고 지키려 드는 것은 집과 땅 같은 것들이다. 진정 지켜야 할 '나'는 내버려둔 채 달아날 염려 없는 물건만 지키려고 난리다. 내가 나를 잃으면 그 많은 물건을 다 지녀도 내 것이 아니다. 한번 떠난 나는 돌아올 줄 모르고 주인 잃은 빈집에 허깨비만 산다. 이익과 명예, 부귀와 여색에 빠져 떠나버린 나를 어디서 찾아 데려올까? / 육자정이 말하기를, "우주의 일이란 자기 내부의 일과 같고 자기 내부의 일은 바로 우주의 일이다."고 하였다. 하루라도 이런 생각이 없을 수 없나니, 우리의 본분이 애초에 가볍지 않도다. 사나이의 마음가짐이란 마땅히 광풍제월(光風霽月: 비가 갠 뒤의 맑게 부는 바람과 밝은 달)과 같아 털끝만큼도 가린 곳이 없어야 한다. 무릇 하늘이나 사람에게 부끄러운 짓을 아예 저지르지 않는다면 자연히 마음이 넓어지고 몸이 안정되어 호연지기가 저절로 우러나온다. 만약 포목 몇 자 동전 몇 닢 정도의 사소한 것들에 잠깐만이라도 양심을 저버린 일이 있게 된다면 이건 기상을 꺾고 정신적으로 위축 받게 되나니, 정말로 주의토록 하여라.

— 다산의 편지 中

소탐대실하다가는 큰일을 마주한다. 사소한 일에 목숨을 거는 경우를 종종 만날 수 있다. 그럴 때는 잠시 하던 일을 멈추고 한걸음 물러서서 정작 중요한 것이 무엇인지를 간파해야 한다. 모든 불화는 늘 사소한 것으로부터 시작된다. 직장에서의 문제도 그렇고 가정에서의 불화도 그렇고 친구 간의 오해도 사소한 것으로부터 시작된다. 사소한 자존심으로 다툼이 생기고 그 다툼으로 인연이 끊어진다. 사소한 것이 싸움으로 번져서 사람이 죽고 사는 큰일이 일어날 수 있다. 사소한 것은 져주는 것도 나쁘지 않다. 그것을 이긴다고 해서 인생이 달라지는 것이 아니고 내가 인생의 승자가 되는 것도 아니다. 그러니 부디 소탐대실하지 말고 세상을 넓게 바라보는 지혜가 필요하다.

특히 가족 간에는 더욱 사소한 것을 시빗거리로 삼지 말아야 한다. 가까울수록 조심해야 한다. 사람은 가까이 있는 것은 귀한 줄 모르고 귀한 것도 자주 대하다 보면 사소한 줄 안다. 이것은 내가 살아오며 많이 저지른 실수다. 모두가 이런 실수를 답습踏襲하지 않았으면 하는 바람을 가진다. 나와 가장 가까운 가족에게 다정히 대하고 사소한 것은 못 본 체하고 넘어가는 아량雅量을 가지는 것이 좋다. 그렇게 쌓은 참을 인忍으로 인해 나와 주변이 편안해진다. 시간이 지나 돌이켜 생각해보면 시빗거리라고 생각했던 거의 대부분이 아무것도 아닌 일들이었다는 것을 느낄 것이다.

"나는 저런 꼴은 절대 못 봐."

"다른 건 다 참아도 그건 절대 못 참아."

"목에 칼이 들어와도 아닌 건 아니야."

사람들이 흔히 하는 말들이다. 하지만 세상에 절대라는 것도, 원래라는 것도 없다. 또한 내 기준에서 옳은 것이 상대 입장에서는 아닐 수도 있고, 그 반대일 수도 있다. 사소한 일에 자존심을 세우고 목숨을 걸었다가는 매일 시빗거리에 휘말려 정작 내가 하고자 하는 큰일을 이루기가 힘들다. 사람이 목숨을 걸어야 할 때 걸어야지 목숨이 몇 개라고 살아가며 쓸데없는 일에 그리도 많은 목숨을 건단 말인가. 스스로가 진정 목숨이 아홉 개인 고양이의 화신化身이라도 된 줄로만 아는 것인가?

화가 올라올 때는 항상 심호흡을 하며 화를 누그러트리고 한 걸음 물러서서 나를 바라보는 것이 좋다. 그럼 웬만해서는 사소한 일에 목숨을 걸 일이 없다. 나의 내면과 육신을 손상시키는 일 또한 줄일 수 있으니 이를 꼭 기억하는 것이 좋다. 늘 모든 화는 한순간을 참지 못해 일어나는 법이다. 부지불식不知不識간에 일어나는 화를 한순간 참을 수만 있다면 모든 것이 순조로울 것이고 사소한 일에 목숨을 거는 일 또한 줄어들 것이다.

살아가며 사소한 일에 목숨을 걸며 쓸데없는 에너지를 낭비하지 말아야 한다. 힘은 정말 필요한 일에 값어치 있게 정성을 다해 쏟아야 한다.

6
염치(廉恥)가 있어야 한다

재물의 이익 앞에서 인간의 존엄이나 품위는 간 데가 없다. 돈을 많이 벌 수만 있다면 사람들은 못하는 짓이 없다. 거짓말도 천연덕스럽게 하고, 한바탕 싸움도 서슴지 않는다. 고리채로 이웃의 고혈을 빨고, 목적을 위해 수단 방법을 가리지 않는다. 이웃이 슬슬 피하고, 친척들이 발길을 끊어도 눈 하나 꿈쩍하지 않는다. 산처럼 재물을 쌓아놓고 혼자 고립되어 산다. 그렇게 악을 써서 모은 재물은 결국 자손 대에 가서 노름과 주색잡기로 순식간에 탕진되어 흔적조차 없게 된다. 누구를 위해 그 재물을 모았던가? 무엇을 위해 그 재물을 쌓았던가?

– 다산의 편지 中

부끄러움을 모르는 사람은 멀리하는 것이 좋다.

사람은 자고로 염치가 있어야 한다. 체면을 차릴 줄 알며 부끄러움을 알아야 한다는 말이다. 주위를 보면 철면피鐵面皮 같은 사람을 종종 볼 수 있다. 말 그대로 쇠로 낯가죽을 만들었는지 뻔뻔함의 극치를 보여주는 경우가 있다. 정치인들에게서 많이 찾아볼 수 있지만 이는 비단 그들에게만 국한된 것이 아니다. 살아가며 우리 주변에서도 어렵지 않게 만날 수 있다. 혹시라도 살아가면서 부끄러움을 모르는 사람을 만난다면 무척 조심하는 것이 좋다.

본인은 하고 싶은 모든 것들을 하고 다니면서 매번 얻어먹기만 하고 남에게 밥 한 끼 살 줄 모르는 사람이 있다. 이런 부류의 사람은 가까이 해서 좋을 것이 없다. 응당 받았으면 베풀어야 하는 것이 도리다. 짐승은 부끄러움을 모른다. 유일하게 인간만이 부끄러움을 안다. 부끄러움을 모른다면 그것이야말로 짐승과 다를 바 없다. 그런 사람은 타고난 천성이든 먹고살기 위해서 그렇게 하는 것이든 멀리하는 것이 좋다. 본인의 이익을 위해서라면 사람이 지켜야 할 최소한의 부끄러움 정도는 나 몰라라 할 것이니 가까이하는 것을 늘 경계하는 것이 좋다.

남의 공을 가로채는 것도 매한가지다. 염치가 있는 사람이라면 공公과 사私를 명확히 구분해야 한다. 과過와 실失도 명확히 구분할 줄 알아야 한다. 남의 공을 가로채는 사람은 염치가 없는 부류 중 가장 최악이라고 할 수 있다. 보통의 경우 염치가 없으면 눈치도 없거나 어리석은 경우가 대부분이다. 남의 공을 가로채는 사람은 거기에 더해 타인에게 피해까지 주니 가까이할 이유가 결코 없다. 만일 한 번의 실수라면 이내 잘못을 깨닫고 사과를 할 경우 넘어가 줄 수 있다. 하지만 보통은 본인의 잘못을 깨닫지 못하거나 깨닫는다고 하더라도 사과하지 않는 경우가 많다. 이는 실수가 아닌 고의로 행하였거나 그 사람의 인성이 본디 그러한 것이니 가까이하지 않는 것이 좋다.

다른 사람만 생각할 일이 아니다. 나 역시도 어떻게 살아가고 있는지 평소에 스스로의 마음을 잘 돌아보는 습관을 가지는 것이 좋다. 사람은 남의 잘못은 크게 생각하고 나의 잘못은 아무렇지 않게 생각하는 경우가 많다. 그러니 늘 마음공부를 게을리하면 안 된다. 세상을 살아가며 타인에게는 실수로라도 부끄러운 행동을 할 경우가 있다. 하지만 스스로에게는 결코 부끄러운 짓을 하지 않도록 노력해야 한다. 늘 체면을 차릴 줄 알고 부끄러움을 아는 마음 자세를 갈고닦아야 한다. 그리고 결코 남의 공을 가로채는 한심한 짓을 하지 말고 스스로의 실력을 갈고닦도록 하자. 노력 없는 기쁨이 없듯 노력 없는 실력도 생기지 않는다. 실력을 갈고닦기 위해 평소 공부를 부지런히 하는 것이 좋다. 모든 공부가 중요하겠지만 공부 중 가장 값지고 우리가 생의 마지막까지 해야 하는 공부는 바로 마음공부다. 그러니 평소 책을 늘 가까이하고 사색을 즐기며 마음을 갈고닦는 것을 게을리하지 말기를 바란다.

7

당연한 마음과 고마운 마음

한 곡의 음악에도 시작이 있고, 절정이 있고, 대단원이 있다. 처음에는 느직이 해맑은 가락으로 시작해서, 중간에 호흡이 거칠어졌다가, 더 이상은 참을 수 없다는 듯이 여러 악기가 일제히 제 소리를 내며 밀고 당기는 드잡이 질을 한다. 마침내 최고조에 달하여 듣는 숨이 가빠질 때면 슬며시 여운을 남기며 소리를 거둔다. 봄 여름 가을 겨울의 네 계절도 조물주가 내려준 4악장의 교향악이다. 시의 눈, 문학의 마음은 이런 대지의 노래, 조물주가 들려주는 악장에 귀를 기울이는 것이다. 감사와 찬미의 눈길로 고마움에 화답하고 그것을 노래하여 예의를 갖추는 것이다.

– 다산의 편지 中

타인에게는 고마운 마음을, 스스로에게는 당연한 마음을 가져야 한다. 당연한 마음과 고마운 마음을 항상 잘 생각하며 살아가야 한다. 사람은 상대의 친절은 당연하게 생각한다. 그리고 내 친절에는 상대가 고마워하기를 바란다. 이러면 마음에 언짢은 기분이 싹튼다.

늘 고마워하되 당연하다고 생각하지 말 것이며, 당연히 하되 고마움을 바라지 말자. 그러면 내 마음이 한결 편해질 것이다. 항상 상대의 친절에는 고마운 마음을 가지되 그것을 당연하다고 생각하면 안 된다. 당연하다고 생각하는 순간 상대는 내 마음을 느끼게 되고 서운함이 시작될 것이다. 또한 내가 베푸는 친절은 당연히 하되 결코 상대의 고마움을 바라지 말아야 한다. 고마움을 바라는 순간 내 친절은 물거품이 될 것이다. 그러니 항상 고마운 마음과 당연한 마음, 그 두 가지 마음을 적절히 사용한다면 늘 편안한 마음가짐으로 세상을 살아갈 수 있다.

예컨대 우리 가족을 위해 늘 식사를 준비하는 엄마에게 매번 인사를 하며 고마움을 표현해 보자. 이런 마음이 가장 기본이자 평소에 연습으로 삼을 수 있는 좋은 방법이다. 사회생활을 하며 가족을 부양하는 아버지에게 가지는 마음도 이와 마찬가지여야 한다. 부모 역시 자식들이 착하고 건강하게 자라주는 것을 당연하다고 생각하지 않고 늘 고맙게 생각해야 한다.

사람은 본디 내가 가지지 못한 것을 가지려 늘 욕심을 낸다. 그러니 자족自足하는 삶을 살기가 힘들다. 모든 것이 마음먹기 나름이니 항상 마음공부를 게을리하지 말아야 한다.

세상을 살아가는 방법을 크게 두 가지로 나누어 볼 수 있다. 하나는 많은 시행착오와 고민을 거친 끝에 돌아오는 결과이다. 다른 하나는 쉽게 판단하고 선택을 내리는 결과이다. 둘 다 결과는 같을지 모르지만 과정은 다르다. 사람은 누구나 쉽게만 살기를 원한다. 힘들게 생각하고 어렵게 살아가려는 사람은 드물 것이다. 하지만 올바른 사람이라면 항상 쉬운 길로만 가서는 안 된다. 쉬운 길에는 함정이 도사리고 있게 마련이다. 결과는 같을지라도 지나온 과정을 복기해보면 그 과정이야말로 내 인생의 큰 자산으로 남는다. 항상 끊임없는 고민과 사색을 즐기며 올바른 결과를 위한 수많은 과정을 거치는 것을 귀찮아해서는 안 된다. 그것을 습관처럼 삼는다면 세상을 살아가며 내 삶 속에서 습득할 수 있는 크나큰 공부를 즐길 수 있을 것이다.

고마워하되 당연하다고 생각지 말 것이며, 당연히 하되 고마움을 바라지 말아야 한다.

세상에 당연한 것은 단 하나도 없고, 고맙지 않은 것도 단 하나도 없다.

8

현명하게 칭찬하는 법

비판과 비난을 구분해야 한다. 칭찬과 아첨을 혼동하면 안 된다. 미워도 인정할 것은 인정하고, 좋아도 잘못은 당당히 비판하라. 패거리 짓기는 공부의 가장 으뜸가는 도적이다. 공변됨을 잃으면 학문도 없고 인간도 없다. 공정하게 말했는데 삐딱하게 받으면 토론이 성립되지 않는다. 편을 갈라 말하고 덩달아 부화뇌동하면 가망이 없다. 세상에 나만 옳고 남은 그른 이치는 없다. 다 좋고 무조건 나쁜 것도 없다. 대공지정(大公至正)의 마음을 길러야 한다.

– 다산의 편지 中

칭찬을 하는 것에도 방법이 있다. 현명하게 칭찬하는 법을 익혀야 한다. 살다 보면 상대에게 하는 칭찬에 유독 인색한 사람을 만난다. 본인에게는 관대하고 남에게는 인색한 것이 사람이라지만 살다 보면 그 정도가 심한 사람을 만날 수 있다. 그런 사람들은 잘 지켜보며 거리를 두는 것이 좋다. 칭찬을 하는 것에도 방법이 있다. 한비자에 나오듯 칭찬은 남들이 보는 곳에서 하고 잘못은 남들이 보지 않는 곳에서 지적을 해주어야 한다. 이를 반대로 행한다면 좋을 것이 하나도 없다.

만일 다른 가족과 함께 만나는 자리에서는 "아빠를 닮아서 멋지구나." 또는 "엄마를 닮아서 너무 예쁘구나." 이렇게 칭찬을 하는 현명함이 필요하다. 만에 하나라도 "아빠를 안 닮아서 멋지구나."라든지 "엄마보다 네가 훨씬 낫다."라는 어리석은 말을 내뱉는 미련한 짓은 저지르지 않아야 한다. 이런 말은 즉시 인격을 드러낸다. 농담으로라도 해서는 안 된다. 그런 칭찬 같지 않은 칭찬을 듣는 아이도 기분이 좋지 않을 것이고 그 말을 듣는 부모는 더욱 기분이 좋지 않을 것이다. 혹시 살아가며 그런 사람을 만난다면 그 사람과의 인연에 대해 심사숙고해야 할 것이다. 모두를 만족시킬 좋은 칭찬이 있다. 그런데 굳이 모두를 만족시키지 못하는 칭찬을 하는 어리석은 사람과 교류해서 덕이 될 것이 없다. 그런 사람과는 멀리하고 현명한 사람과 어울리는 것이 좋다.

칭찬은 할 수 있을 때 해야 한다. 무엇이든 타이밍이 중요하다. 타이밍을 놓치는 우愚를 범하지 않도록 시기를 잘 살펴야 한다. 시기를 놓치면 칭찬을 하지 않는 것보다 못하게 된다. 칭찬은 듣는 사람도 좋지만 하는 사람에게도 좋다. 칭찬을 하는 이의 인격 또한 올라가기 때문이다. 부디 올바른 시기에 올바른 칭찬을 하여 상대와 내가 함께 격이 높아지는 법을 익히는 것이 좋겠다. 그래서 사람은 눈치가 중요하다. 눈치 없는 사람은 이것을 잘 못한다.

주위의 정황을 살펴가며 칭찬을 안 하면 이상한 사람 취급을 받을 것 같아서 진심이 담기지 않은 칭찬을 마지못해 하는 사람이 있다. 이런 사람에게는 칭찬을 들어도 기분이 좋지 않다. 진심이 담긴 칭찬인지 마지못해 하는 칭찬인지는 너무 표가 난다. 입으로 내뱉는 말은 칭찬일지 몰라도 분위기상 독으로 남는 오묘한 말들도 있다.

세상을 살아가며 참으로 중요한 것이 인간관계다. 올바르고 현명한 사람을 가리는 눈을 길러 주위에 좋은 인연을 남기도록 해야 한다. 그렇게 남은 인연들이 평생 인생의 좋은 벗이 될 것이다. 나 또한 상대에게 좋은 인연으로 남기 위해 끊임없이 배움을 게을리하지 말아야 할 것이다.

이 글을 읽는다면 지금 당장 가장 가까운 이에게 진심을 가득 담아서 칭찬을 해 보자. 나의 진심이 담긴 칭찬 한마디로 상대의 기분을 좋게 만들 수 있다면 하지 않을 이유가 없다. 나는 바라건대 당신이 현명한 칭찬으로 자신과 상대를 동시에 높일 수 있는 방법을 터득하며 살아나가길 바란다.

현명하게 칭찬하는 법을 익히도록 하자. 상대도 좋지만 나에게도 좋은 일이다.

9

혼자만의 시간을 즐겨라

달빛이 밝으면 연못이 밝다가도 달빛이 어두우면 연못도 어두워진다. 밝아야 그림자가 비치는 법이고 어두우면 그림자는 사라지게 마련이다. 자연히 사물과 더불어 다툼이 없다. 조수가 들면 고기가 오고 조수가 나면 고기는 간다. 오는 것은 잡고 가는 놈은 쫓지 않는다. 이 또한 즐거움에 이바지할 만하다. 천지간에 의지할 곳 없이 외롭게 서 있는 자가 마음 붙여 살아갈 곳은 글과 붓이 있을 뿐이다. 문득 한 구절 정도 마음에 드는 글을 만났을 때 다만 혼자서 읊조리거나 감상하다가 문득 생각하길 이 세상에서는 오직 너희들에게나 보여 줄 수 있겠다 여긴다.

– 다산의 편지 中

혼자 보내는 시간을 즐기지 않으면 풍요 속의 빈곤에서 오는 상실감을 맛볼 수 있다.

많은 사람들과의 관계 속에서 얻을 수 있는 기쁨과 행복과 충만함이 있다. 하지만 모두와 헤어지고 집으로 돌아와 혼자 남겨진 시간 속에서 오는 공허함을 느끼는 날도 분명 있을 것이다. 더욱이 그러한 일이 비일비재非一非再하다면 어찌할 것인가. 그러니 사람은 늘 혼자 있는 것에 익숙해질 필요가 있고 혼자만의 시간을 즐길 수 있어야 한다.

많은 유명인사들이 우울증을 겪고 심지어는 자살을 하는 일도 이와 별반 다르지 않다. 보통의 사람들은 평소 만나는 사람들이 한정되어 있기 때문에 그들만큼의 스포트라이트를 받지 않는다. 하지만 유명인사들의 삶은 보통 사람과는 사뭇 다르다. 늘 대중의 관심을 받고 혼자 있는 것에 익숙하지 않다. 그러니 혼자만의 시간을 통해 얻는 여유로움과 즐거움보다는 그 반대의 공허함과 상실감을 느낄 수 있다. 아무래도 일반인보다는 쉽게 외로움을 느낄 가능성이 클 것이다.

외로움의 크고 작은 차이겠지만 보통 사람들도 삶을 살아가며 종종 외로움을 느끼곤 한다. 그럴 때를 대비해 혼자만의 시간에 찾아오는 외로움을 즐기는 방법을 터득하는 것이 좋다. 외로움을 즐기기 위해서는 혼자 있는 시간을 즐길 수 있어야 한다. 그 시간이 행복해야 한다. 상대가 있어서 오는 상대적 행복이 아니라 나 혼자서 행복할 수 있는 절대적 행복을 만들어야 한다. 그것을 외부에서 찾으려고 하면 안 된다. 독서와 음악, 운동을 비롯한 다양한 방법을 통해 혼자서 만들어 갈 수 있는 절대적 행복을 만들어 외로움을 즐겨보도록 하자.

늘 외로움을 이겨내도록 노력하지 않아도 좋다. 가끔은 자의自意로 굳이 외로움을 만끽하고 싶은 날도 있을 것이다. 그럴 때는 오롯이 그 외로움을 느껴보는 것도 좋다. 우리는 평소 너무 많은 소음과 정보와 만남에 시달리며 살아간다. 머릿속이 뒤죽박죽될 때 가끔은 그 많은 머릿속의 울림을 비워내는 시간도 필요하다. 사람과의 만남 속에서 염증도 더러는 느낄 것이다. 가끔 텅 빈 공허함을 일부러라도 느끼며 나를 돌아보는 시간이 우리에게는 분명히 필요하다. 외로움이 차츰 더해져 심한 우울증으로까지 나를 내몰지 않도록 적당한 선에서 외로움을 즐기는 방법도 생각해보는 것이 좋다. 명상이 될 수도 있고, 멍 때리거나 조용히 산책하는 것도 좋은 방법이 될 수 있다. 나에게 맞는 방법을 스스로 터득해보자. 살아가며 외로움이 찾아오는 순간이 분명히 생긴다. 곁에 사람이 있든 없든 상관없다. 그때 외로움에 휘둘리지 말고 나만의 방법으로 잘 이겨내고 즐길 수 있는 방법을 미리 생각해두는 것이 좋다.

인생은 공수래공수거空手來空手去다. 결국 빈손으로 왔다가 빈손으로 간다. 평소 사랑하는 이들이 곁에 있다지만 세월이 흐르면 결국은 모두가 떠나가게 된다. 당연하게도 인간은 죽음과 이별을 피할 수 없다. 외로움을 말하며 삶과 죽음을 논한다는 것이 무척 거창하게 느껴질 수 있다. 하지만 외로움으로 인해 삶에서 멀어지는 사람이 생각보다 많다. 외로움은 희로애락처럼 살아가며 느끼는 지극히 자연스러운 현상이라 생각하고 그 감정을 현명하게 다스리는 지혜가 필요하다. 그리고 평소에 그것을 즐기는 현명함을 가진다면 감정의 기복이 크게 나타나지 않을 것이다. 그 시간을 스스로를 갈고닦는 좋은 약으로도 쓸 수 있을 것이다.

혼자만의 시간을 즐기는 방법을 터득하지 않으면 풍요 속의 빈곤에서 오는 상실감을 맛보게 될 것이다.

10

모든 것을 단정(斷定) 짓지 마라

사람은 원래 제대로 착하지 못하고 반드시 가르친 다음에 착하게 된다. 그 이유는 칠정(기쁨, 분노, 슬픔, 놀람, 사랑, 증오, 욕심)이 마음속에 얽혀서 원만하게 회합되지 못하기 때문이다. 옛 성현은 모두 개과(改過), 즉 허물을 고치는 것을 귀하게 여겼다. 처음부터 허물이 없었던 것보다 오히려 낫게 여기기까지 했다. 허물을 고치는 것이 허물이 없는 것보다 어려운 까닭이다. 우리는 허물이 있는 사람이다. 그러니 마땅히 급하게 힘쓸 것은 개과, 이 두 글자뿐이다. 소통을 거부하는 학문, 저 혼자 고고한 공부는 옛 성현들도 다 경멸했다.

– 다산의 편지 中

어설픈 단정은 틀림없이 오류를 남기게 된다.

사람들은 살아가며 '절대'라는 말을 많이 사용한다. 하지만 세상에 '절대'라는 것은 없다. '절대'라는 말을 쓰는 순간 자가당착自家撞着에 빠지게 된다. 하지만 나의 생활습관과 태도를 고치는 의미에서 사용하거나 앞으로 좋지 않은 상황이 일어나지 않기를 바라는 마음에서 사용하는 것이라면 조금 나을 것이다. 예컨대, "앞으로 절대 그런 일은 일어나서는 안 될 것이다."라거나 "앞으로 이러한 일은 절대 없도록 하겠다."라고 한다면 최대한 일어나지 않도록 하겠다는 내 의지를 표현하는 것이고, 또한 '절대'라는 단어에 얽매어 내 행동을 최대한 조심할 것이니 말이다.

하지만 나를 두고 쓰는 말이 아니고, 상대의 말에 '절대'라는 말을 덧붙여 단정 짓는 것은 무척이나 조심할 필요가 있다. 예를 들어, 사람들이 많이 사용하는 "그건 절대 아니야."라거나 "절대 있을 수 없어."와 같은 말이다.

'절대'라는 것은 100%라는 말이다. 이 말을 듣는 상대는 문맥의 앞뒤는 차치하고라도 '절대'라는 단어에 본인의 생각이 가로막히고 무시당했다는 생각이 들 것이다. 그리고 이내 반감이 생길 것이다. 상대의 말에 '절대'라는 단어를 사용해서 답변한다는 그 자체가 상대를 무시하고 깔보는 처사가 되는 것이다.

세상에 100% 완벽한 것은 없다는 것을 늘 명심해야 한다. '절대'라는 말은 '절대' 없다. '절대'라는 말을 쓸 수 있을 때는 '절대'라는 말을 사용하는 순간밖에는 없다는 것을 기억해야 한다.

또한 '절대'라는 말처럼 자주 쓰는 말이 '원래'라는 말이다. 세상에 '절대'가 없듯이 '원래'도 없다. 원래元來라는 것은 '처음부터 또는 근본부터'라는 뜻이다. 그런데 어느 시점의 처음부터를 이야기하는 것인지 도무지 알 도리가 없다. 대화를 나누다 보면 "원래 그래", "원래부터 그랬어."라고 습관처럼 이야기하는 것을 종종 들을 수 있다. 하지만 이 또한 상대에게 사용하지 말아야 할 말 중 하나이다. 그 원래가 10년 전부터인지, 조선시대부터인지 아니면 공룡 시대부터인지 알 수가 없다. 그저 내 기준에서의 원래일 뿐이다.

절대와 원래를 말 습관처럼 자주 사용하는 사람들의 특징은 본인의 아집이 강한 경우가 많다. 무無논리에 가로막혀 스스로 자가당착에 빠지지 않으려면 평소 대화를 함에 있어서 이런 말을 조심해야 할 것이다.

우리는 살아가면서 여러 가지 가능성이 있음에도 불구하고 단 두 가지의 가능성에 한정하여 사고하는 오류, 즉 이분법적 사고를 취한다. 세상에는 이게 아니면 저것이라는 단 두 가지의 정답만 있는 것이 아니다. 그럼에도 불구하고 생각보다 자주 이분법적 태도를 취해 스스로가 논리의 모순에 빠지는 경우가 많다. 그러니 보다 유연한 사고로 다양한 해답을 찾을 수 있도록 평소 꾸준히 노력하는 것이 좋겠다.

명심하자. '절대'라는 말은 '절대' 없고, '원래'라는 말은 '원래' 없다.

부디 현명한 말 습관으로 나의 품격을 높이고 더불어 상대의 인격도 존중해주는 습관을 갖자.

원래 어설픈 단정은 오류를 남기게 된다. 절대 모든 것을 단정 짓지 마라.

> 편지 한 장 쓸 때마다 두 번 세 번 읽어보면서 이 편지를 사방으로 뚫린 번화가에 떨어뜨렸을 때 나의 원수가 펴 보더라도 내가 죄를 얻지 않을 것인가 생각하면서 써야 하고, 또 이 편지가 수백 년 동안 전해져서 안목 있는 많은 사람들의 눈에 보이더라도 조롱을 받지 않을 편지인가를 생각해 본 뒤에 비로소 봉해야 한다.
>
> – 『숭늉』, '황금보다 무거운 편지의 무게', 김상렬

200년 전의 인물인 다산 정약용. '다산 이전에 다산 만한 사상가가 없었고 다산 이후에도 다산 만한 학자가 쉽사리 나타나기 어려울 것이다.'라는 학자들의 평가가 있습니다. 이 책은 쉽게 증발할 수 있는 말로 전하는 것보다 독자들에게 편지 형식을 통해 들려주는 이야기로 세상을 살아가는 지혜를 담았습니다.

다산 정약용 선생께서는 1762년(영조 38년)에 태어나 1836년(헌종 2년) 4월 7일(음력 2월 22일) 나이 75세(만 73세)에 회혼回婚(결혼 60주년)을 맞아 그의 고향인 경기도 광주부 초부면 마재리(現 경기도 남양주시 조안면 능내리)에서 친지와 제자가 모두 모인 자리에서 별세하였습니다. 정치적인 문제로 18년이라는 시간 동안 유배지에 홀로 떨어져 자식들을 만날 수 없었던 시기에 많

은 편지를 썼습니다. 다행히 그는 죽기 전에 죄에서 벗어나 유배 생활을 마치고 고향으로 돌아와서 18년을 더 살다가 생을 마감했습니다.

"죽는다는 것은 아침에 생겼다가 없어지는 버섯처럼 덧없는 것입니다. 생각한들 무슨 도움이 되겠습니까."

<국립중앙박물관 제공_다산의 마지막 편지>

다산 정약용이 별세하기 6일 전에 쓴 편지가 발견되었는데, 지금까지 확인된 다산의 편지 가운데 가장 나중에 쓰인 것입니다. 다산학술문화재단은 다산 탄생 250주년을 맞아 2012년 12월 21일 공개한 『다산 간찰집』

에 이 편지를 수록하였습니다. 수록된 글에는 다음과 같이 소개되어 있습니다.

"다산은 1836년 2월 22일(음력) 회혼일回婚日(결혼 60주년)에 세상을 떠났으므로 이 편지는 그보다 6일 전인 1836년 2월 16일에 쓴 것으로 보인다."

이 편지에서 다산은 "저는 이렇게 자리보전하고 있으며 또 두풍頭風(두통이 오래 낫지 않는 것)으로 괴로워하고 있습니다. 회혼回婚(결혼 60주년)이 이미 임박하였지만 부끄러울 뿐입니다."라고 말합니다.

그 후, 별세 사흘 전 회혼을 기념하는 회근시回巹時를 지었는데, 이것이 그가 남긴 절필絕筆이 아닐까 추측합니다. 적확하게 표현하자면 『다산 간찰집』에 수록된 별세 6일 전의 편지가 그가 남긴 '마지막 편지', 3일 전에 남긴 '회근시'는 '마지막 시'라고 보는 것이 좋겠습니다.

回巹詩(회근시)

六十風輪轉眼翩

육십 년 세월, 눈 깜빡할 사이 날아갔는데도

穠桃春色似新婚

복사꽃 무성한 봄빛은 신혼 때 같구려.

生離死別催人老

나고 죽는 것과 헤어지는 것이 사람 늙기를 재촉하지만

戚短歡長感主恩

슬픔은 짧았고 기쁨은 길었으니 성은에 감사하오.

此夜蘭詞聲更好

이 밤 목란사 노래 소리 유난히도 좋으니

舊時霞帔墨猶痕

옛날의 하피첩은 먹 흔적이 아직 남았소.

剖而復合眞吾象

나뉘었다 다시 합함은 참으로 우리의 모습,

留取雙瓢付子孫

한 쌍의 표주박을 자손에게 남겨 줍시다.

※하피첩: 부인 홍 씨가 보낸 노을빛 치맛감에 종이를 붙여 만든 소책자

실학자, 과학자로서의 정약용이 아니라 인간 정약용으로 생을 마감하며 그가 부인에게 남긴 한 편의 시를 읽노라면 절로 눈물이 납니다. 이렇듯 글이 주는 여운은 실로 크고도 깊은 법입니다.

다산이 남긴 옛 글을 한글로 번역하여 독자들이 이해하기 쉽게 해석해 놓은, 이미 다산 관련 책을 출간하신 작가님들께 존경과 고마움을 표합니다. 그분들의 책을 참고하여 다산의 편지를 매 꼭지마다 서두에 인용할 수 있었습니다.

'마지막'이란 말이 주는 울림이 있습니다. 아버지가 자식에게 남긴 '마지막 편지'는 자식이 살아가며 평생 간직하고 계속해서 읽어 내며 삶의 교훈으로 삼습니다. 그와 마찬가지로 『다산의 마지막 편지』도 독자 여러분이 살아가며 가까이 두고 꾸준히 읽으며 인생의 좋은 벗으로 삼기를 바랍니다.

사랑하는 가족과 떨어져 귀양살이를 하는 동안 다산은 사랑하는 아이들이 사람으로서의 도리를 잊지는 않을까 걱정하는 마음으로 '학연'과 '학유' 두 아들에게 편지를 보내 세상을 살아가는 지혜를 알려주었습니다. 그 편지에는 자식들에 대한 사랑과 세상을 살아가는 지혜가 담겨 있습니다. 편지로 가르친 아버지의 사랑을 통해 자식들은 성장해 나갑니다. 또한 다산은 다른 가족과 제자들에게도 꾸준히 편지를 보내 마음을 나누었습니다. 사람이 세상을 살아가며 가져야 할 도리와 덕목을 편지 형식으로 써 내려가 지혜를 나누는 '다산의 마지막 편지'를 통해 이 시대를 살아가는 우리는 과연 어떤 마음으로 어떠한 생각을 가지고 세상을 살아가야 하는지 만나보시기 바랍니다.

<참고문헌>

1. 숭늉 / 김상렬 저 / 큰산 / 2002

2. 아버지 정약용의 인생 강의 / 정약용 글 / 오세진 번역 / 홍익출판사 / 2020

3. 다산의 제자 교육법 / 정민 글 / 휴머니스트 / 2017

4. 다산의 철학 / 윤성희 글 / 포르체 / 2021

5. 유배지에서 보낸 편지 / 정약용 글 / 박석무 번역 / 창비 / 2009

6. 다산어록청상 / 정민 글 / 푸르메 / 2007

7. 스마트폰으로부터 아이를 구하라 / 권장희 놀이미디어교육센터 소장 강의 / 2013